公共图书馆资源建设与阅读推广研究

江 震◎著

吉林文史出版社

图书在版编目（CIP）数据

公共图书馆资源建设与阅读推广研究 / 江震著. --
长春 ：吉林文史出版社，2023.3
ISBN 978-7-5472-9309-6

Ⅰ．①公… Ⅱ．①江… Ⅲ．①公共图书馆－文献资源
建设－研究②公共图书馆－读书活动－研究 Ⅳ.
①G258.2②G252.17

中国国家版本馆CIP数据核字(2023)第050407号

GONGGONG TUSHUGUAN ZIYUAN JIANSHE YU YUEDU TUIGUANG YANJIU

公共图书馆资源建设与阅读推广研究

出 版 人：张　强

著　　者：江　震

责任编辑：陈春燕

出版发行：吉林文史出版社

地　　址：长春市福祉大路5788号

邮　　编：130117

印　　刷：长春市华远印务有限公司

开　　本：185mm×260mm　1/16

印　　张：10

字　　数：222千字

版　　次：2023 年 3 月第 1 版

印　　次：2023 年 3 月第 1 次印刷

书　　号：ISBN 978-7-5472-9309-6

定　　价：58.00元

前　言

在当今时代的发展背景下，人们的阅读要求越来越高，因为人们每天的业余时间越来越少，个人时间越来越零散，因此在阅读过程中如果没有高质量的服务和引人注目的内容，那么读者对阅读的兴趣就会越来越少。因此，公共图书馆需要促进自身资源的使用和流通，并为读者提供更加丰富的图书资源。

传统图书馆重视馆藏资源，但在资源的利用和流通方面做得不够，日常工作仅限于向读者提供一些纸质文献。再者，人们要想获得图书馆资源，只能亲自到图书馆借书才能达到目的。然而，在电子资源建设的大背景下，图书馆的阅读推广服务越来越多样化。图书馆馆员可以通过互联网与读者保持联系，向读者传递一些电子资源，还可以为读者提供电子资源的下载链接，让读者决定是否下载和使用这些资源。此外，由于新媒体平台的开发和应用，图书馆馆员与读者之间的交流也越来越方便。

当前的数字资源建设工作是通过网络手段获取更多的电子资源，从而为读者提供更加丰富的图书资源。改善读者体验。公共图书馆本身也可以建立网络服务渠道，以缩短图书馆馆员与读者之间的沟通距离，充分把握读者的阅读兴趣和爱好，并根据读者的实际情况提供专业的阅读建议。其次，图书馆应加强与读者的信息交流，通过微信、微博等现代社交工具开展多元化的宣传工作，并通过与读者的深入信息交流来总结和改善读者的实际阅读需求和反馈，为将来的工作打下坚实的基础。

综上所述，对于当前的公共图书馆建设，电子资源的建设是未来图书馆的重要发展方向，也是图书馆现代化的重要组成部分。阅读推广是进一步利用数字资源，提高公共图书馆服务水平和服务能力的重要途径。因此，有必要加强图书馆资源的数字化建设，促进阅读的可持续发展。

目　录

第一章 公共图书馆资源的理论研究

第一节 公共图书馆资源共享共建

公共图书馆资源共享建设的发展目标是通过共享公共图书馆资源，利用各级公共图书馆资源的互补性，实现公共图书馆信息资源服务的整合，达到全方位配置，满足大量读者，特别是偏远地区和贫困地区的读者，为形成科学的信息共享机制，需要各级公共图书馆统一规范，统一联盟。

随着网络和公共图书馆建设的加速发展，公共图书馆资源共享共建已经取得了很大进展。资源共享系统使用公共图书馆的资源共享功能，为读者提供了方便的信息获取方式。公共图书馆多层次的知识服务功能使公共图书馆服务工作大大的加强，为实现独立学习、民众学习、生活学习创造了一个很好的方法。

让读者随时随地方便快捷、无限制地访问和共享公共图书馆的资源是公共图书馆共享共建的最终方向。因此公共图书馆正一直努力实现资源共建共享目标。公共图书馆联盟是图书共享公认的典型模型和形式，本节以经典成功的公共图书馆案例，结合其发展历程阐述公共图书馆资源共建的使用方法，整理各阶段发展的特征，找到我们需要学习的方法，信息共享形式的移动公共图书馆技术将成为未来公共图书馆资源共享共建的发展模式和发展方向。

一、图书资源共享共建的传统模式

信息化技术和社会发展的局限性仍然是国内公共图书馆资源共享共建传统模式存在的问题。独立的公共图书馆或者公共图书馆合作组织的主要任务是为该地区的用户和读者提供所需的文献资源。所以，建立相关的部门来保障文献资源信息和全面的文献传递系统成为工作的重点。这种公共图书馆共享部门是信息资源共享的组织，作用是实现公共图书馆馆藏资源共享，达到联合阅读资源的目的及文献交付和参考咨询。随着互联网科技不断地进步，形成了国内外大学公共图书馆区域资源共享和专题资源共享等模式，资源共享的主要模式是组织协同共享模式。

二、共建公共图书馆资源的发展历程

20世纪90年代，信息资源的享受主要对象是数字资源。与此同时信息技术的开发和发展得益于互联网技术发展、计算机革命、大数据库发展、电子刊物等技术的迅猛发展，为数字资源的发展做出了突出的贡献，信息资源为数字资源的传播和利用提供了便利的技术条件。人们可以使用不同国家和地区的信息资源，所以传统的文献保障制度的概念已经过时了，应该被共享和捐赠资源所取代。

数字化资源共享已经深入社会各行各业，公共图书馆信息资源自然要顺应时代，开发数字共享技术。数字资源共享体现在公共图书馆的共享共建，公共图书馆资源共享已经起到降低传统图书共享资源的共享成本，而且分享更加便捷，克服了传统公共图书馆共享的距离、语言和时间等障碍，地理边界线不再是限制资源共享的隔离带，公共图书馆的服务范围得到了扩大，公共图书馆资源共享共建进入新的时代。

美国是最早使用公共图书馆进行公共图书馆的共享共建的。美国公共图书馆共享可以分为跨州共享和区域内共享两种方式。其不仅完成了传统公共图书馆的共享共建任务，还采用自动化协作改进和发展了分享风险、共享利益、数字资源收藏和共享技术标准。

随着图书价格的上涨，联合采购和联合开发越来越得到公共图书馆的重视。在这样的环境下，中国的数字图书资源联盟诞生了。目前，中国已基本完成国家一级公共图书馆资源和各重点大学公共图书馆资源的共享共建服务。而各省内公共图书馆根据各自高校的实际情况，采用各有特色的灵活收集资源方式和合作共享模式。

20世纪末期，随着信息技术、无线移动网络信息技术的迅速发展，移动共享技术越来越成熟，越来越普及，很多读者能随时随地利用移动网络搜索需要的信息，便利情况前所未有。在这种情况下，移动技术便于移动公共图书馆服务的发展，促使公共图书馆的服务方式进行相应的调整，移动公共图书馆服务是用户使用各种终端随时通过无线网络访问公共图书馆共享的信息和资源。无线移动公共图书馆有专用的服务组织结构，是无线网络技术和公共图书馆系统的有机结合。

目前，美国、日本、英国等许多国家的公共图书馆都对公共图书馆服务的移动通信技术手段进行了深入了解，有条不紊地将移动通信技术应用于公共图书馆信息服务中。

三、公共图书馆资源共享发展目标

在共享建设公共图书馆资源的过程中，信息共享服务的地位不容置疑，公共图书馆资源共享服务系统是重要的核心进程，优秀的公共图书馆资源共享服务，更能体现出其价值，各级公共图书馆才能自发地支持这种共享体制。公共图书馆服务的有效性往往是公共图书馆与各级部门合作的结果，数据中心的核心应为公共图书馆的业务服务，如流动阅读管理需要管理人员和组织的配合和协调，缺少任何一方都会大大影响其整体服务效果。

维护和管理共享数据是信息资源的中心，公共图书馆资源的共享和交换可以在数据总库之间进行。然而各级数据服务中心和各公共图书馆服务系统还要保持相对独立，为解决这种障碍，各级公共图书馆系统应用建设是总体方案的重点，数据中心要起到连接作用，起到交流和共享的核心作用。应提高公共图书馆间的共享服务效率，还要使各合作公共图书馆采用统一的共享网络平台系统，只有在同一系统内，才能保证交互信息的及时性和便捷性，不因系统差异导致资源共享受阻。统一的系统可以合理统筹和管理各独立的公共图书馆间资源共享的公平性，保证共享资源的顺利进行和发展，这样才能使各公共图书馆和数据中心达到整体的效果，可以有效地动员各级高校和公共图书馆数据中心提升服务效率和服务质量。

数据中心是公共图书馆信息资源共享的重要核心。数据中心要有能力管理所得到的庞大的共享数据储量，所以要制订一个应用程序模块，为了规范资源的共享系统，要将制订的应用程序加入服务流程体系中，所有级别公共图书馆之间的数据检查和数据转化工作要小心谨慎，开发独特的网络管理平台，信息资源共享标准，实施公共图书馆特色共享体系。信息资源服务的对象是读者而不是自动化系统，明确读者需要什么信息资源，围绕读者需求的信息资源，来设计最快捷的资源查询方式，节省读者时间的信息服务是最有效的服务。

四、公共图书馆资源共享共建优势

公共图书馆共享建设的建成将大大改善互联网图书信息较少的局面，图书资源在互联网上不断丰富，增强文化信息的话语成分，从而促进中华文化的网络优势。由于现代科技的飞速发展，很多珍贵书籍都能成为科学研究的参考书，而数字资源不会影响数据同时访问限制，增大研究工作的效率。现在可以通过电脑技术，将书籍、出版物、音频和视频材料等，翻译成数字资料，成为我们的公共图书馆的共享信息。公共图书馆在互联网的帮助下，依靠这个非常重要的平台，实现资源的有效共享。公共图书馆资源共享使公共图书馆不再是传统的封闭实体，其资源不再受限制，它不只限于收集实体书籍，资源的分享是在整个互联网上，使公共图书馆的资源利用率大幅提高，如中国学术期刊网，万方数据库等公共图书馆资源共享系统。随着互联网的发展，中国电子书正在快速增长，数字书籍，数字报纸和数字杂志也在增加，视听材料的分配为我们的公共图书馆资源共享建设提供了很大的帮助和丰富的素材。

良好的公共图书馆资源共享系统可以根据用户的不同，优先推送需要的资源，用户可以有针对性地通过电脑轻松打开公共图书馆的页面进行搜索、浏览和下载各种有用的资源，使用更方便、快捷。与传统图书检索方法相比，公共图书馆资源共享检索有非常明显的优势。公共图书馆的共享搜索功能是全文内容被检索，并具有强大的模糊搜索功能，可以由一个关键词扩展到类似的关键词，以便于快速检索内容材料信息。

从读者的需求来看，基于网络公共图书馆资源共享建设的公共图书馆，有力地解决了当地公共图书馆馆藏资源数量少带来的弊端，解决了偏远地区图书不充足导致的读者需求得不到满足的问题，大大增加了偏远地区读者图书资源的获取途径，降低了需要建设大型公共图书馆的成本。基于先进的网络技术和信息资源发展的互联网，读者检索资源的环境得到了改变，大大地满足了读者对信息的需求，改善了交换资源的方式。而读者的需求也随着社会的发展、信息环境的变化和通信方式的变化而变化。更大地满足用户对信息资源的迫切需求，开发和追求个性化服务是公共图书馆大力发展资源共享共建的良好基础。

五、公共图书馆资源共享共建策略

推动公共图书馆资源共享共建需要社会各界的共同努力，需要相关部门的大力支持。

推动公共图书馆资源共享立法工作。近年来，我国政府相关机构已经采取了多种方式，来制定分享数字信息资料的资源监管制度，我国应加快相关问题立法的进度，明确公共图书馆资源共享的规定，应当依照有关法律法规制定，最后还要从多方面加强组织领导，形成一整套规范的公共图书馆资源共享共建措施。

继续加强公共图书馆共享管理委员会的工作。积极有效地征集政府部门和社会团体对现行制度的支持，要及时梳理和改进标准，规范使用资金，为了促进标准和规定的实行，让用户更方便地使用数字资源共享系统。

加快公共图书馆的开放速度。目前，许多发达国家都有公共图书馆开放，并得到了广泛应用，但在这方面我国的进展还比较缓慢。开放是数字信息环境中共享系统发展的保障，开放获取是用户获得信息和知识的保证，是读者获得资源的主要手段。我们应该促进开放获取政策，尽快推动我国信息开放和获取。建议国家继续增大管理力量，科学规划公共图书馆数字资源共享建设，为公共图书馆资源共享进行合理的规划布局，保证读者可以获得有效的信息和知识。

可见，未来的公共图书馆资源共享共建，必将基于数字信息化建设。数字时代资源共享的形式是公共图书馆共享共建的发展方向，公共图书馆资源共享有效地整合公共图书馆大量的馆藏资源，顺应网络技术的发展、计算机的普及和移动网络应用的大势所趋，对多种优秀的新时代的新技术进行综合运用，坚决做好公共图书馆资源共享共建，为公共图书馆的发展做出贡献。

第二节　高校与公共图书馆资源共建

随着现代科学技术的发展和进步，资源共建和共享已经成为现实。高校和公共图书馆之间实现资源共享，不仅能够最大限度地利用资源，发挥资源的价值，还能够促进高校和公共图书馆文献资源收集渠道的拓展。本节从高校、公共图书馆两者之间的差异入手，将两者进行比较研究，挖掘出两者资源共建的重要性。在此基础之上提出高校、公共图书馆资源共建的方法，以推动开放型公共图书馆的形成，希望可以为相关研究人员提供参考。

随着科学技术的飞速发展，许多行业都打破了传统模式的束缚，形成了新的发展模式。例如，高校和公共图书馆资源共建，利用先进的科学技术，能够达到预期和要求，形成完善的资源共建模式。高校和公共图书馆之间建立起资源共建模式，构建出科学完善的资源共享机制，能够满足当前我国对公共图书馆未来发展的期待。公共图书馆事业处于上升发展的阶段，各个方面和各个环节都需要完善和优化，将高校和公共图书馆联系起来，构建信息联盟，实现资源共享，能够加快公共图书馆事业发展的速度。

一、高校与公共图书馆资源共建的重要性

（一）提高高校、公共图书馆资源的利用效率

无论是高校，还是公共图书馆，最为重要的资源都是文献资料。文献不仅仅是社会和国家的财富，还是推动社会和国家进步的重要工具。目前从高校和公共图书馆的馆藏资源情况来看，前者的馆藏资源往往要优于后者，这是因为高校作为培养人才的重要基地，对于公共图书馆资源的完善和丰富十分重视，而且馆藏资源具有明显的专业性。而公共图书馆的馆藏资源相较于高校而言，优势相对没有那么明显。为此，加快高校、公共图书馆资源共建，实则是推动两者之间的资源融合利用。在这样的情况下，无论是公共图书馆的优势还是高校的优势均可以得到最大限度的发挥，促进地方文化与经济的建设。

（二）缓解高校与公共图书馆资源短缺的问题

高校和公共图书馆的资源再丰富，也比不上两者资源共建带来的资源丰富，而一般实践中高校和公共图书馆内部的资源均存在一定的短缺，因此，实现资源共建可以在一定程度上解决这一问题。随着人们文化水平的提高，对于知识的渴求更加强烈，高校和公共图书馆的资源共建可以为人们提供更好、更丰富的资源。在服务上，高校和公共图书馆之间也可以相互借鉴，发现各自存在的缺点和问题。

（三）满足人们对数字信息资源高效性的要求

互联网技术的发展和进步，改变了许多行业的发展模式。就公共图书馆事业而言，利用互联网能够更快实现各个公共图书馆之间资源的共享。就高校和公共图书馆而言，一旦普及推广数字化、网络化技术，便会打破两者之间的界限，实现资源的交叉利用，建立资源共享的体系，人们获得馆藏资源和信息的渠道也会因此而拓宽。在这样的环境下，公共图书馆事业的发展将会更加繁荣，也将会为人们提供更加便捷高效的服务，逐步满足人们对于信息资源的需求。

二、高校与公共图书馆资源共建的方法策略

（一）构建科学完善的协调保障体系

高校与公共图书馆资源的共建需要建立在完善的协调保障体系之上，高校与公共图书馆各自拥有优势和特点，这些优势和特点在资源共享之后，能够发挥作用和价值，实现资源共建模式的意义。因此，实践中建议从公共图书馆资源共建模式的保障性法律法规入手，确保高校和公共图书馆之间的文献资源整合共建工作能够顺利进行，令资源共建的主体各自承担责任和义务，以保障整个资源共享过程的高效性。建议采用专业的管理机构进行辅助管理，并组织高效调控。高校和公共图书馆的管理部门要做好自身的工作，促进两者之间达成协议，明确资源共享的任务、目标及各自的权利。在此基础之上构建相应的干预措施，并建立灵活的经费系统，提升资源共建模式的综合水平。无论从哪一个方面来看，建立起具有层次性的高校与公共图书馆资源共建模式都是非常必要的。

（二）促进开放型公共图书馆的形成

开放型公共图书馆的形成有利于资源的整合和利用，会增加和拓宽人们获得资源的渠道，提高公共图书馆服务的质量。因此，在开展高校与公共图书馆资源共建工作的时候，需要改变传统的公共图书馆管理理念，吸收开放型思想，充分利用现代互联网技术，构建开放型的公共图书馆。信息资源只有向社会开放之后，其基本的价值和意义才能得以发挥。高校与公共图书馆之间的文献资源共享服务，不仅可以满足社会各界人士的需求，还会建立起资源流通的桥梁，对于保障资源的完备性和时效性具有重要意义。建立开放型的公共图书馆，首先要明确高校和公共图书馆各自的责任，扮演好各自的角色，积极主动地整合公共图书馆的文献资源，让读者的需求得到满足，让公共图书馆提供的服务更加高效。高校与公共图书馆之间的文献资源信息检索效率也要大大提升。

（三）拓宽高校与公共图书馆资源收集的渠道

为了拓宽高校与公共图书馆资源收集的渠道，应不断地丰富和完善公共图书馆的资源。资源共建模式建立起来之后，高校和公共图书馆各自的优势才能够全面发挥。公共图书馆具有公共服务性，因此，政府对于公共图书馆的支持要到位，除了经费方面的支持之外，政策支持也非常必要。加强社会各个机构和企业对公共图书馆的重视，充实公共图书馆经费。同时要加快散落文献的收集和整理，不断提高公共图书馆资源的综合性和完整性。高校和公共图书馆都需要与地方机构和人士联系合作，获得地方性的文献资源，建立完善的文献资源体系。高校还可以发挥自身在人才方面的优势，鼓励校内各个专业的学生参与"公共图书馆资源丰富"的实践活动中，设立志愿者服务基地，方便学生为公共图书馆的发展贡献自身的力量。

（四）创建高效的联合机制

互联网时代的到来无疑给公共图书馆的发展创造了良好的条件，互联网可以实现高校与公共图书馆的联合，资源共建的基本条件得到满足后，资源共享模式的形成就更加容易。高校与公共图书馆之间的联合，即全国范围的公共图书馆资源均可以实现共享。为此，实践中需要考虑的是如何将这种联合机制变得高效。一是建议整合数据资源、图片、视频、音频等，在增加公共图书馆资源全面性的同时，令读者的不同要求均得到满足。二是公共图书馆的设施设备要不断地完善，以适应互联网时代发展的需求。三是云计算模式可以逐步引入公共图书馆的资源共建当中，为读者建立一个海量的资源库，并不断地优化资源的质量，增强资源提供的便利性。

（五）综合提升高校与公共图书馆工作人员的素质

高校与公共图书馆的工作人员素质均有待提升。从高校的角度来看，公共图书馆作为高校的心脏，为学生提供知识的血液，应当重视公共图书馆管理人员综合素质的提升。公共图书馆可以根据学校的特色制订招聘方案，选择专业水平高、道德素质高的优秀人才。同时也可以培养一批为学校公共图书馆服务的志愿者，使得学生在学习的过程中获得实践的机会，增长见识，提升能力。高校和公共图书馆的管理层针对工作人员的综合素质提升需要建立技能培训体系，即组织工作人员定期接受培训，促使他们在不断地吸收先进管理理念的同时，也提高自身的综合素养，确保公共图书馆服务的质量。在这样的基础之上，高校、公共图书馆资源共建模式的形成才会更加顺利，而资源共建模式形成之后才会有更为专业的人才进行管理。

高校和公共图书馆之间若是建立起资源共建模式，可以高效利用两者各自拥有的资源，促进两者的发展和进步。在建立资源共建模式的过程中，逐渐挖掘高校和公共图书馆各自的优势，并整合这种优势，形成明确的特点，确保公共文化服务体系得以建立。在这样的资源共建模式之下，地方文献资源的收集和整理效率会大大提升，地方文化和经济也会因此被带动，从而不断地发展和进步。公共图书馆的存在是为了满足人们对于信息的需求，为了达到这一目标，结合当前公共图书馆所处的环境和发展现状，不断地完善和优化资源共建模式是非常必要的。

第三节　公共图书馆资源发现系统

随着读者自我服务意识的增加，公共图书馆简单的资源提供，通过服务系统为用户提供查询服务的资源获取模式，已经不符合时代潮流；而针对不同数据和系统资源具有一站式搜索的资源发现系统便应运而生。但是作为新生事物总归有较多的不足和需要弥补的方面，本节针对公共图书馆资源发现系统的现状进行分析，同时对其以后的发展趋势进行预测。

不论是哪个公共图书馆都具备的功能有：多种多样的图书典籍，各式各样的阅读类型，书籍资源的多样化与多元化。为了使公共图书馆更好地为用户提供服务，就需要一个能整合所有公共图书馆馆藏资源，能够消除在资源共享之间障碍的资源发现系统。而发现系统能够方便快捷地整合数字文献信息资源，在处理大量数字文献信息的元数据的时候打破之前的单纯搜索模式，通过在搜索之前对元数据进行相应的分析与建立预索引集合，从而为用户提供单一的检索框。这样可以在对知识系统的构造与模式的建立进行再创造服务，为更好地快捷地对资源的一站式搜索。

一、今日的公共图书馆资源发现系统

目前的资源发现系统有很多，主要有由大型数据生产商推出的 WCL、EDS、Summon 等；与其他大型数据生产商合作的 Primo 等。目前，这些往昔成熟可靠的资源发现系统均遇到了一些问题。

（一）传统资源发现系统的滞后

传统公共图书馆资源发现系统的滞后，不是其已经被现代的社会淘汰，而是针对现代的技术与现代的消费者与阅读者的角度进行考虑，他们已经不能满足当今大部分用户的需求，因为用户需要的是能够获得大量的数据，同时在搜索过程中能够快捷方便地进行，并且能够获得完整的资源。这就体现现阶段我国资源发现系统的滞后性。正如前面所说用户想要获得大量的数据，就需要公共图书馆提供在资源发现系统发展中具有重大影响的大规模集中索引功能，因为发现系统包含大量元数据和先进的搜索技术。

（二）资源结构的多元化较低

在当今社会更多的人与国际接轨，因此就需要接触与了解外国的文化与习惯，然而针对国内而言在公共图书馆内却很难获得较好的外文资源，公共图书馆馆藏资源本应该是中外数字资源建设兼备，然而经过针对不同地区不同院系的数所综合大学公共图书馆进行网络调查分析来看。在公共图书馆的馆藏中，语言方面中文数据库较外文数据库占比大，甚至部分公共图书馆内只有中文数据库。同时在针对对象方面公共图书馆服务对象偏向于教师的科研型数字资源，而针对学生的各种需求的资源相对而言较少。

（三）资源之间的流通性较低

因为公共图书馆资源发现系统是由开发商开发和推广的，对资源获取系统的思维模式有较大的影响。因此在面对资源发现系统的开发与推广中，同样也会存在每个公共图书馆都只是通过各自的服务系统为读者进行服务，因此造成资源利用率较小，流通性较低等缺点，而通过这种方式便无法使整合资源和资源搜索功能再次增加。这便成为公共图书馆发展的一个巨大的阻力，只要这样的一层关系的存在，便始终会对资源发现系统的推广和继续研发有着不可估量的阻碍。

（四）模糊性取代确定性

信息化时代的发展不仅极大地刺激了人们对于社会的认知，还深层次地冲击了传统公共图书馆资源发现系统，原先建立在确定性、精准导向上的信息检索模式转变为模糊化的、不确定性的检索模式——越来越多的读者不知道自己下一本阅读的书籍名称，人们开始利用搜索引擎如百度学术搜索取代自己对于信息的整理和归纳。

二、公共图书馆资源发现系统的将来

（一）系统资源内容的多元化

随着科技的发展与人文的进步，我们开始不断将众多的资源进行整合与利用，相较于之前的电子图书、电子期刊等以文本形式或者以其本身的网络传播为基础的资源发展模式，其散发出的光芒正在开始逐渐黯淡，而作为新兴的多媒体资源如视频、照片、音频等加入读者的阅读选择行列中，系统内容的多元化也是评定系统优劣的一个方式，为此我们需要不断地进行整合各种阅读资源来满足用户的读书要求。

（二）加深文献索引的层次

整合内容的标题才是一篇好的文章，只有在结合文章的时候才会发现关键词是关键，因此作为文章索引点，传统以题目，关键词，作者这三点的索引模式，只是把这三点作为索引的关键，或者是所有的主题来说，这样我们就会在索引的时候有一定的搜索盲点，不能全面而准确地得到自己想得到的资源，为此也会使用户的要求难以得到满足。因此，在以后的索引方面，可以把文章的内容作为一个索引的突破点来进行操作，这样可以使搜索更加准备化。

（三）云计算平台与信息的多格式的运用

新时代的阅读，信息的多元化，信息的完整化，信息的多格式已然被用户放在比较重要的位置。为此在建设公共图书馆资源发现系统的时候此方面就尤为重要。同时数据集合层作为资源发现系统的基础，无论是从异构的系统中还是从分布中获取海量的数据，加以集合之后作为系统的最底层建筑。通过各种方式，例如以商业协议为基础可以收集大量的数据，而在获得海量的数据的时候可以把其进行整合处理，使其规范化，有序性，方便查找，更好地作为整个资源发现系统的根基。

（四）新兴产业的拓展

为了更好地适应当代社会科技与人文的发展，首先要根据现代社会用户的习惯来使资源发现系统进行优化，针对移动设备的大量普及与使用，为更好地打造出更加方便，能够为读者提供更好服务的资源发现系统，满足用户通过移动设备进行公共图书馆资源的访问与获取。这样可以使用户对于此系统的满意度更加地提高，因此更需要把资源发现系统在移动设备方面的开发与推广作为一个重点工作来进行。而作为系统优化已经不能只满足当前的资源条目之间的简单的连接关系，而应该关注以传统书目记录的扁平结构为基础的FRBR原理，为能够获得较为清晰的框架。将来如果能够更多地借鉴FRBR的原理，对于处理各种资源条目之间的复杂关系将会起到一个极大的促进作用。

针对现阶段仍处于发展初期的公共图书馆资源发现系统而言，现代公共图书馆更多地关注的是系统本身性能的优劣，具有多种优势，但是不可否认的是，与此同时还需要面对系统技术门槛较高，资源供应商间有冲突，价格昂贵等缺陷。

公共图书馆对资源发现系统的需求日益强烈，因此公共图书馆也要结合自身的实际情况采取相应的发展策略，采取合理，合适的方式来面对这样的变化。但是原则上讲，针对一个完整的资源发现系统而言，不能只强调资源的拥有量，而忽略资源的整理，系统的优化，搜索方式的更新与改变。还需要考虑系统的实际操作性，以及解决在使用过程中遇到的一些问题。正因为如此我们对于公共图书馆资源发现系统的继续改进与优化仍然是很期待。

第四节　公共图书馆资源与服务融合

公共图书馆作为人类历史、记忆、知识等的社会装置，是现阶段我国极为重视的公共资源与社会服务体系。在公共图书馆发展的过程中，利用现代信息技术手段实现资源与服务的融合，是未来公共图书馆领域发展的必然趋势。本节通过对公共图书馆资源与服务之间联系的分析，提出二者融合的必要性观点，并对国内外公共图书馆资源与服务融合现状加以阐述，进而为我国公共图书馆资源与服务融合式发展给予可行性建议。

一、公共图书馆资源与服务存在必然联系

资源储备与建设是公共图书馆自身的一种内在发展，同时服务板块构建更加专注资源的合理利用，由此可见，公共图书馆资源与服务存在着密不可分的关联。在资源与服务的互相作用下，无论偏向于任何一方均是狭隘与片面的表现，将为公共图书馆科技化、现代化发展带来严重阻碍。从宏观的角度来讲，公共图书馆资源与服务，二者之间的互动主要表现在三方面，即资源的共享是确保服务实效性开展的前提；服务与资源辩证属于一组辩证统一体；资源建设的最终目标便是个性化服务。

（一）资源的共享是确保服务实效性开展的前提

随着现代化信息技术的发展及"互联网＋行业"时代的到来，用户对公共图书馆的利用已不再局限于对本馆图书的查找，高校与公共图书馆之间的交流与合作成为公共图书馆行业发展的全新趋势。通过资源库的共同建立与内容共享，可大幅改善单一公共图书馆资

源规模不足，处理能力有限等问题，是公共图书馆服务有效开展的关键性基础保障。

（二）服务与资源辩证属于一组辩证统一体

服务与资源辩证属于一组辩证统一体，即以服务为中心，资源建设为基础。公共图书馆资源建设是服务有效开展的保障，服务工作的具体效果作为资源建设的评定标准可指导其更加合理地稳定发展。只有将二者相互渗透、互相贯穿，才能构建更加优质的公共图书馆图书、文献保障体系，进而为使用者提供完善、优质的服务内容，避免资源难以利用甚至无法利用现象的发生。

（三）资源建设的最终目标便是个性化服务

个性化的公共图书馆服务功能立足于使用者的实际需求、偏好及习惯等，公共图书馆应为使用人员提供针对性、全方位、立体化的高质量服务，以发挥公共图书馆资源利用的最大优势。个性化的公共图书馆服务极为强调公共图书馆自身与使用人员的实质性、持续性沟通，继而将使用人员需求进行精准定位。同时，在公共图书馆发展的过程中，现有传统服务模式已无法充分满足不同类别使用人员的差异性需求，造成大部分用户流失。因此，现阶段我国公共图书馆行业急需对服务模式加以个性化创新，满足使用人员对公共图书馆提出的高要求、新要求。由此可见，资源建设的最终目标便是个性化服务。

二、公共图书馆资源与服务融合的必要性分析

公共图书馆在加速资源与服务渗透、融合的过程中，普遍利用资源、服务集成性系统，即将系统分为统一检索、本地特色资源检索、浏览导航、扩展链接、数据提交及管理六大服务板块。以上述具体板块为基础，下分多项具体内容，包括统一检索服务功能中的商业数据库资源检索、互联网网页资源检索、OAI 收割资源检索（OpenArchivesInitiativeProtocolforMetadataHarvesting）等；本地特色资源检索服务功能中的 Rescart 数据、板块加工、网页采集数据检索等；数据提交服务功能中的互动提交服务、学术论文提交服务等。该系统针对传统公共图书馆运行模式的不足进行了全方位弥补。首先，随着科技水平的不断提高，公共图书馆在馆藏图书、文献结构方面产生了较大改变，正逐渐由落后的纸质资源向数字资源发展。在此过程中，传统公共图书馆的缺点和不足不断凸显，尤其是资源检索服务功能难以满足信息化资源库构建要求，缺乏高效、便捷的资源检索界面，造成使用人员在查找目标文献的过程中受到较大幅度的阻碍，因此，应该提高查找难度、降低查找效率。其次，在信息化时代背景下，公共图书馆使用人员信息查询方式发生了巨大改变，更加注重多元化的网上服务，如较为常见的有百度搜索引擎、搜狗搜索引擎等，此类查找服务不仅具有更高的便捷性、简单化和即时化优势，还具有丰富性、互动性等特点。然而，上述功能是传统公共图书馆所不具备的现实性功能。因此，新时代的公共图书馆必须以资源和服务的内在联系为基础，构建集成系统，实现资源内容与服务内容的有机集合，为使用人员

提供更加优质、更加便捷的公共图书馆服务，实现公共图书馆文献查找的功能最大化。

在资源、服务集成性系统为公共图书馆使用人员提供便捷性服务的同时，公共图书馆管理人员应做好下述工作。首先，在资源与服务内容方面，应构建一个系统化、规模化且覆盖面广泛的集中性搜索引擎，该引擎不但要容括公共图书馆内部资源，还要涵盖互联网数据库多样化资源。其次，在服务功能发展方面，应构建较为先进的高级检索平台，为公共图书馆使用人员针对性检索需求提供便捷性服务。再次，在传递服务方面，为实现使用人员高质量的系统应用体验感，应为其建立更加直观、简洁的操作界面。最后，在系统灵活性方面，应针对不同使用人员设计灵活性较高的个性化服务内容，通过立体化的操作满足客户差异性需求。

三、公共图书馆资源与服务融合模式发展现状

（一）立体式公共图书馆服务功能

公共图书馆发展的根本是为用户提供优质的服务内容，部分国外公共图书馆以使用人员的角度来区分工作人员职能，以团队性任务进行各项工作的统筹与协调。在美国，图书馆十分重视资源共享，各图书馆之间有馆际互借和图书预约服务，这主要得益于各区域完善的图书馆联盟制度和快捷的递送系统。"十校联合图书馆管理体系"项目，主要就是加利福尼亚州的十所公立大学放弃原来独立的图书馆管理模式，建立"十校联合图书馆管理体系"。此体系是集编目、采购、馆藏和服务为一体的综合管理系统，将图书馆分离的运作模式整合成一个统一的运作模式。与此同时，国内相关部门调查显示，我国大部分公共图书馆由系统网络、综合性办公室、资源建设、信息情报等部门组成。

（二）虚拟化公共图书馆资源共享

在信息技术作用于各行各业的背景下，公共图书馆物理资源逐步向虚拟化发展。如瑞士苏黎世联邦理工学院（SwissFederalInstituteofTechnologyZurich）对实体公共图书馆的合并与减少工作，实现了实体公共图书馆向虚拟公共图书馆的成功转型，2012年将生命科学馆转型为无馆藏公共图书馆，馆内再无实体图书，管理员仅为客户提供咨询服务；2014年将鸟类馆与生命科学馆良好合并，对鸟类馆所有图像进行信息化处理。同时，欧美、日本等发达地区大量公共图书馆相继建立资源共享库，通过资源库的共同建立与内容共享，进一步实现了资源与服务的相互依托、相互促进的良性循环。

四、公共图书馆资源与服务融合的可行性路径分析

公共图书馆在建设资源、服务集成性系统实际过程中，必须明确具体目标与发展方向，使包括系统设计人员、网络工程师等在内的全部参与者对系统整体有一个较为明确、清晰的认知，进而从客户角度出发，构建完善、科学的系统服务，并以目标为基本发展方向，

制定合理的系统构建方法。

（一）提高资源与阅读服务的融合

公共图书馆的服务重点是支撑客户的资料查找与阅读，实现资源与服务的有机融合，为客户营造良好的学习环境。首先，应构建公共图书馆资源转换结构，依据多媒体信息技术优势，实现相关视频资料阅读功能，为客户提供信息化数据库服务，并通过研发、改造有声有色的多媒体电子信息资源，为公共图书馆发展吸引更多的客户。其次，公共图书馆可利用互联网在线学习、视频讲座等混合资源模式，构建网络资源阅读浏览平台，根据学科、层次的不同，将公共图书馆现有资源进行分类，为客户建立一个高质量的虚拟资源空间站，并利用现阶段广为流行的微信公众号、新浪微博等建立客户建议、意见反馈平台，将服务融于客户的日常生活中。最后，可利用信息整合软件，对互联网大量信息进行筛选与整合，在及时获取先进阅读资源的同时，过滤大量网络负面信息，改进资源、服务集合性系统，创建客户个人阅读网站和智能移动终端 APP，进而实现知识资源与服务的有机结合。

（二）提高资源与科研服务的融合

公共图书馆的资源与服务相对有限，导致大量公共图书馆难以高效参与到社会、学校等机构的科研工作中。现阶段，物联网、互联网、云计算、人工智能等信息技术的发展，使局部资源与服务融合式发展成为现实，公共图书馆可更高效地为科研工作提供资源和服务。例如，深圳、珠海等地区的公共图书馆联盟组织，以广东省公共图书馆为核心构建资源共享集群式网络平台，其图书资源、文献资源等几乎囊括国内所有公共图书馆的馆藏内容，并包含大量国外著名公共图书馆图书内容，为自身发展奠定了良好基础和有利条件。此外，公共图书馆可与既定地区相关科研部门、技能部门构建专门的科研档案管理机制，进一步加强公共图书馆资源对科研服务的支持。例如，建立公共图书馆与本地科研学术内容的保存系统，完成公共图书馆对学术资源的储存，并将此类资源上传于互联网资源共享库，以科研资源优化科研服务，以服务促进科研资源的不断更新与完善。

综上所述，在社会主义公共资源建设的背景下，资源与服务的有机融合，为公共图书馆带来前所未有的发展契机。同时，资源与服务是公共图书馆行业发展的永恒主题，资源的丰富与扩充需要高质量、高效率的服务功能，而服务的进步需要资源的不断完善与更新。因此，资源与服务的有机融合，是提高资源利用率、加强服务功能性的有效手段，是未来公共图书馆行业发展的必然趋势。

第五节　公共图书馆资源推广

公共图书馆是社会文化服务的重要场所，是发展全民阅读建设的中流砥柱，但在资源推广方面面临着很大的问题。本节旨在研究公共图书馆的资源推广，分析公共图书馆在推广方面的重要性，发现存在的问题，提出解决的对策。

一、公共图书馆资源推广中存在的问题

（一）不能构建完整的图书资料推广体系

公共图书馆资源推广工作，不是第一次提出，每次推广活动看似丰富多彩，却大同小异，很少结合本馆的特色因地制宜的开展特色性活动，并没有带来实质的效果，不能科学持续地发展。每次资源推广过后，又会重新陷入困境，这样的活动多了，不仅不能吸引社会人士的兴趣，还会让一些对资源推广抱以厚望的人士失望。公共图书馆是向整个社会宣扬知识和文化的前沿阵地，是为人民大众服务的，长期以来公共图书馆"形同虚设"，也引发了一系列的问题，管理人员不能获悉人民群众的阅读取向，读者不知道如何去进行阅读，这样就丧失了公共图书馆原本的意义。书籍种类不齐全，公共图书馆的阅读者当然也会随之减少，没有生机的阅读氛围，就不能发挥公共图书馆资源推广工作的目标。

（二）推广工作不能得到读者想要的结果

一个公共图书馆，要想发挥服务社会的初衷，读者是一个重要的组成部分，读者可以给公共图书馆的发展带来活力，因此，资源推广必须和读者密切联系，共同谋求发展，这样既能满足读者的阅读需求，又能让公共图书馆更好地发展。目前，公共图书馆在进行阅读推广活动时，大多把精力花在排面上，策划者为吸引更多人的关注，尽可能让场面宏大，市民也是走马灯似的来看看热闹，整个活动和资源推广关系并不大。现今的状况是资源推广的理论很多，可是难以实践，读者对公共图书馆数字资源了解微乎其微，更谈不上利用，公共图书馆吸引不了社会各界的注意，也发挥不了服务社会文化的作用。

（三）资源推广不能满足青年读者的需求

青年读者的求知欲是无穷的，是阅读的一个大群体，他们思维敏捷眼界开阔。因此，在阅读时也必然要求种类丰富需要接触不同类型的读物，读物也要与时代接轨，要在第一时间接触新出的书刊，还得靠他们来走出坚实的第一步。做好对青年读者的服务，是公共图书馆长足发展的动力源泉，因此，公共图书馆的管理员一定要广开言路，征集他们的阅读资源需求，完善公共图书馆的基础建设，增添让图书资源的种类，是当务之急。

二、解决公共图书馆资源推广所存在问题的对策

（一）构建资源推广发展的长远蓝图

全民阅读事关我国公民素质教育，阅读可以提升一个人的见识，培养一个人的修养。因此，我们要构建资源推广的宏伟蓝图，让全民阅读形成体系。未来，我们需要的是通过

全民阅读，增加全民族的文化自信，让我国的社会主义建设真正走向"文明和谐"的理想社会。通过构建体系，让人们从中相互学习，相互感染，让阅读走向普通百姓的生活，提升全民的精神素养和思维能力。冰冻三尺非一日之寒，这一体系的建设不是一朝一夕能完成的，需要用制度来推动，让公共图书馆资源推广常态化发展，用来谋求全民阅读的长久利益。同时，公共图书馆还需要生机与活力，工作人员适当组织阅读交流，展示阅读风采等活动，让公共图书馆资源推广有序进行。

（二）紧抓青年读者的阅读需求

公共图书馆作为社会文化场所，针对的是全体人民，但是要引起全民的重视，必须有引路人。这个引路人必须是对阅读有足够需求的人。那么怎样寻找这样的读者呢？当然需要渴望知识的年轻人，这些读者应该是在校的大学生，或者刚刚走上工作岗位的年轻人。因为，他们的生活中自然保留着阅读的习惯。对阅读的兴趣也是广泛的。因此，馆方要抓住他们的阅读心理，在数字图书管理上引起他们的阅读兴趣，把这群生龙活虎的年轻人带入馆中，让他们成为全民阅读的引路人，这对提升全民素质，将起着至关重要的影响。

（三）让读者了解公共图书馆及数字资源的内涵与使用

"书犹药也，善读之可以医愚。"公共图书馆以及数字资源的完善，能够更好地普及全民阅读。"读一本好书，就如同和一位高尚的人谈话"，读书既是对思想的启迪，也是对精神的修炼，可以让思维更加敏捷，让内心无比充实。公共图书馆作为公共服务体系的重要组成部分，要想达到教育每一位公民的目的，就应该向社会进行宣传推广，让大多数读者明白其中的意义，让人民群众自觉自愿地学习科学文化知识。那么，什么是公共图书馆，数字资源的内涵又是什么呢？公共图书馆就是一个没有围墙的公共图书馆，是没有时空限制的智能检索知识中心，公共图书馆通过数字技术来处理、存储各种图文并茂的文献，通过多媒体制作的信息系统，把各种不同载体、不同地理位置的信息资源用数字技术存贮，以便传播。通过对信息资源加工、存储、检索、传输和利用，公共图书馆把图书文献分层次地储存，通过虚拟的网络技术，基于网络环境创造了共建共享的可扩展的知识网络系统，从而把数字资源更好地分享给读者。

综上所述，公共图书馆资源推广是服务社会广大人群的公益性文化宣传，是带动全民阅读的重要力量，为社会文明建设提供无尽的图书资源。这种服务于全社会的文化教育推广，对祖国的文化建设发挥着举足轻重的作用，具有重大意义，也肩负着重要而崇高的责任。它可以让公民每时每刻都享受知识的熏陶，可以让一个人实现自主学习，终生学习的目标。因此，我们更应该做好公共图书馆资源推广活动，让推广长期存在，引领更多读者，早日实现全民阅读的宏伟目标。让每一个人的心灵，在沉静阅读时得到净化，让社会在一片琅琅书声中处处留下高风亮节。

第二章 图书馆资源建设与阅读推广的关系

第一节 图书馆资源建设与阅读推广的意义

一、有效改善了大众的阅读体验

数字信息已经逐渐成为人们工作、学习和生活中的必备资源，图书馆作为提供信息服务的主要平台，其数字资源建设是满足读者数字信息获取需求的基本前提。和以往的纸质文献资源相比，数字资源在内容覆盖面上要广泛得多，电子图书、电子期刊、数据库等都是读者获取数字信息的重要来源。数字资源实际上是一个按照特定逻辑关系，基于标准元数据而建的网状结构体系，它有效突破了时空限制，可让读者在任何时间、任何地点借助计算机系统进行资源访问，使读者获取资源信息的便捷性显著提升，从而提高读者对图书馆服务的满意度。数字媒体环境下，公共图书馆利用智能技术优势积极开展各类数字阅读推广服务，使读者能更便捷、高效地获取信息，满足了不同类型读者的个性化阅读需求。数字阅读为读者提供了文字、语音和视频等多种阅读形态，为读者提供了形象化的阅读内容，改善了读者的阅读体验感，营造了良好的阅读氛围。

二、推动图书馆事业的进一步发展

随着人们综合素质的不断提升以及学习型社会建设步伐的加快，读者对图书馆的要求也越来越高，数字资源的建设指标当前已经纳入公共图书馆的综合评估指标体系之中，并成为衡量图书馆发展水平的一个主要方面。数字资源在内容上涉及诸多学科门类，加大数字资源的建设力度可在很大程度上弥补图书馆馆藏文献的缺陷与不足，如建设地方特色数据库、收藏数字化古籍文献等。另外，数字资源转移起来也比较方便，其采用的是分布式资源管理系统，资源的组织结构相对来说比较合理，数据信息的维护和共享也十分方便。通过完善公共图书馆数字资源建设体系，对图书馆事业的推进来说是非常有利的。

三、实现了公共阅读资源的科学利用

公共图书馆应重视与读者的交流，有效收集和汇总读者的阅读需要，提高阅读资源的供给质量，实现精准供给。同时，公共图书馆应深度挖掘公共阅读资源，推进阅读资源的高度共享，提高资源利用率。

第二节 图书馆资源建设与阅读推广服务性质

与已有的信息服务模式相比，大数据知识服务越来越趋向于个性化、自主化、虚拟化、智能化、透明化和体验化，知识创造模式、组织模式、传播模式和应用模式也呈现出规模化、集约化、数字化和网络化的趋势。在数字化、网络化、规模化和集约化等共性技术特征的基础上，大数据知识服务更为突出的典型特征可以概括为以下几点：

一、是面向智慧服务和自主需求的知识服务

大数据知识服务模式实现的核心是知识服务全生命周期活动中用户、技术、管理、知识、能力、资源和过程的有机集成和优化。为此，大数据知识服务体系融合了物联网、传感网、云计算、可信计算和信息物理融合系统等新兴信息技术，提出要实现大数据用户、技术、管理、知识、能力、资源和过程的全方位、全生命周期的接入和感知。

二、是不确定性服务

大数据知识服务对于用户大数据处理需求不具备唯一解，而是用大数据生态系统中所提供的技术和方法，依据用户大数据处理需求，形成知识服务解集合。大数据用户通过大数据知识服务平台提出大数据处理需求，并按用户自主需求构建的大数据知识服务组合模型，部署服务实施方案。

三、是强调用户参与的知识服务

大数据的数据来源、知识服务能力、服务资源、服务过程及知识本身都是嵌入到网络和大数据环境中的，且所有大数据主要都是来自于大数据用户，使得大数据知识服务关注的重心应该转移或回归到用户自身的需求。在大数据知识服务模式下，强调用户参与不仅仅局限于传统的用户提出需求和用户评价，而是渗透到大数据知识服务过程及大数据自身全生命周期管理的每一个环节。

四、是支持按需使用、按需付费的知识服务模式

大数据知识服务是一种由用户需求驱动的、按需付费的知识服务新模式。用户往往需要通过海量非结构化、半结构化数据了解现在发生了什么，甚至需要利用数据预测未来将要发生什么，以便在行动上做出利于发展的主动准备。在这些过程中，用户不需要过多关注大数据处理的细节，只需要根据自身的数据处理需求调用或知识服务组合，占用大数据知识服务资源，并支付相应的费用即可。彼此之间是一种按需使用、按需付费、用完即解散的关系。

五、是共性技术目标与异性技术特征相辅相成的知识服务模式

大数据知识服务通过第三方构建服务平台，将大数据获取、存储、组织、分析和决策过程中所涉及的所有资源、知识、能力及过程都虚拟化为大单项数据知识服务，再聚合成大数据知识服务虚拟资源池，进行统一的管理与处理。针对不同的行业、领域或不同需求，大数据的获取、存储、组织、分析和决策的管理和处理方法有共性，但必然也存在着异性。因此，针对不同行业、领域及大数据处理需求，就需要在原有共性技术体系的基础上，形成专业性较强的专业化大数据知识服务体系，从而针对独特的专业化要求，形成其独有的大数据异性技术体系。

六、是基于知识、能力、资源、过程共享和交易的知识服务模式

与传统的知识服务模式相比，大数据知识服务模式共享的不仅仅是服务资源，还有知识、能力及服务过程。随着大数据时代的来临，对大数据获取、存储、组织、分析和决策过程进行管理的基本策略不是移动数据，而是将计算、知识及服务推向数据，在相应的知识库、专家库、数据处理模型、数据处理框架的支持下实现资源、知识、能力及过程的虚拟化封装、描述、发布、配置、调用和显示，真正实现大数据获取、存储、组织、分析和决策过程中的知识、能力、资源、过程的全面共享和交易。

七、是基于群体创新的知识服务模式

大数据知识服务旨在促进管理、分析、可视化和从大量多样分散异构的数据集中提取有用信息，并充分利用群体创新的力量，创造有意义的网络基础设施以及一体化水平的数据和工具，以支持科学和教育。

第三节　图书馆数字资源建设与阅读推广中存在的主要问题

一、资源重复采购，不具备深层次资源导入

一方面当今数字资源条件下的市场数据库供应商数量非常多，这些供应商在提供各类数据资源的时候很容易出现内容的交叉或重复现象。很多公共图书馆在开展数字资源采购工作时，不注重统一规划，这也是导致资源重复采购问题的原因之一。另一方面，大部分公共图书馆在购买数字资源的时候都是直接购入一个完整的数据库体系，这一体系中涵盖了多种多样的学术论文数据库、学科导航库等自建资源库，但由于开发商本身的认知水平不是很高，对于各领域专题研究库以及特色资源库内容的构建，仍然存在很多问题。

二、数字资源建设资金有限，缺乏完善的保障体系

数字资源的建设本身就是一项十分庞大的工程，无论是设备的采购、软件的升级，还是人员的培训、数据库的维护等，都需要花费大量的资金。目前，我国很多地区的公共图书馆在数字资源建设上都缺乏足够的资金保障，尤其是在很多二三线城市，由于多方面的原因，数字资源建设资金投入极度匮乏，且很多资金无法有效落实到位，导致图书馆数字资源建设进度缓慢，大型数据库的引进、网络资源的开发利用等工作基本处在停滞状态。

三、数字资源宣传力度有待提升

我国大多数公共图书馆对数字资源往往都是偏重于收藏，而不注重对其进行有效利用。很多数字资源在购入以后，往往没有及时进行宣传和推广，导致相当一部分读者并不清楚图书馆可提供数字资源服务。另外，虽然很多公共图书馆都设立了电子阅览室，但是并未在电子阅览室进行数字资源导读推荐，这就让很多读者误认为电子阅览室仅仅就是可以上网的地方。

四、技术力量较为薄弱，工作人员综合素质偏低

我国公共图书馆数字资源建设水平不断提升，工作人员的整体素质也有了一定程度的提高，但是和飞速发展网络技术、信息技术以及读者的信息需求相比，仍然存在明显的差距。很多公共图书馆，尤其是中小型图书馆工作人员的思想观念都比较落后，缺乏足够的专业信息知识与技能，对图书馆应当怎样进行数字资源建设以及如何进行数字资源阅读推

广并不清楚,对公共图书馆的数字化建设与发展产生了严重阻碍。

五、资源建设工作中所采用的服务语言过于单一,服务平台的适用性很差

当前,很多图书馆所开展的互动式网站建设工作并没有进行科学合理规划,没有针对社会公众阅读需求进行全面调研,直接导致其所使用的服务语言存在很大的适用性问题,其语言结构单一,在为用户提供信息服务过程中,难以全面适配各类智能终端与平台。此外,很多图书馆的网站建设规划人员缺少技术观念,在网络信息化层面缺少基础认知与意识,对于网站发展以及图书馆资源的拓展问题缺少必要的考量,其所设置的功能也与实际使用需求之间存在很大的差异。同时,网站开发完成后,相关单位与技术人员也存在岗位意识问题,没有针对站点进行全面且细致的测试工作,很多服务过程存在巨大安全隐患与逻辑漏洞。

六、时代背景给图书馆公共服务带来的挑战与弊端,习惯的改变让阅读成为少数行为

如今,随着网络信息技术的飞速发展,我国已进入信息爆炸的全新时代,广播电视、手机电脑等诸多媒体终端已经成为人们日常生活的主要结构,各类新闻资源的泛滥,更是让很多人难以接受,这也同样加大阅读服务工作的开展难度。但是,对于大众文化发展工作而言,即便再多的媒体信息也无法取代纸质媒介给人们带来的影响,这种可以用双手去触碰去感受的资源形式,是任何电子终端所无法比拟的,其所带来的情感冲击,更是让众多阅读爱好者为之倾倒。近些年,社会大众的阅读人数越来越少,多数青年群体变成低头一族,甚至很多教师及教育工作者也很少投入到阅读活动之中,国家相关部门对于阅读的重视也越来越强,因此,只有改变传统图书馆的服务理念与思想,不断拓展更为新颖的阅读路径推广模式,才能为我国公众文化建设工作创造良好的基础环境。

七、缺少丰富的交互资源,资源形式单一读者满意度差

现阶段,我国图书馆资源建设与服务发展过程中,其首要问题为交互形式过于单一,图书馆自身与读者之间没有形成良好互动,图书馆往往处于被动服务地位,读者的资源获取过程存在很大难度。互动功能的基本要求就是可以互动交流,这需要图书馆针对当前社会特征,以图书馆各项资源数据库为基础,全面发展交互式网站,并针对性设计更为美观合理的前端页面。此外,交互式网站的后端逻辑层面,也要注重实际功能的有效性,注重对各类后台语言的有效运用,注重各项功能的实现效率,并结合读者在资源获取过程中所表现出的特点与需求,对相关功能进行有效调整与优化。但是,我国多数图书馆所开展的信息化与网络化建设工作存在诸多缺陷,其中最为明显的就是图书馆网站建设没有在交互层面进行更为精准的分析。

第四节　图书馆数字资源建设与阅读推广

一、加强对特色数据库的建设，避免资源的重复采购

特色数据库的建设既是整个公共图书馆管理体系的重要组成部分，同时也是避免资源重复采购的有效措施。相关人员必须根据本图书馆的特点与发展现状，选择一些具备区域特色的文献资源进行数字化资源建设，可通过建立"馆中馆"的方式来突出本地特色文化，也可选择一些其他图书馆没有的特色馆藏资源进行数字化建设，这一建设过程必须将标准化、规范化的运行体系作为指导和支撑，这样才能确保大数据库的可靠性、系统性和全面性。

二、适当加大数字资源建设资金投入力度

近几年，我国政府部门对公共图书馆建设与发展的重视度逐渐提升，并增加了购书经费的投入，但伴随中外文书籍、刊物价格的不断上升以及电子出版物的大规模发行，很多公共图书馆仍然面临着经费紧缺的问题。图书馆数字资源建设经费应当与纸质资源建设经费保持合理的比例，且前者要具备一定的优先度。另外，在建设数字资源的过程中，财力、人力、物力等方面的投入不能间断，不仅要在建设的初始阶段具备足够的资金投入量，还必须为后期维护、升级完善等提供足够的经费。

三、加大宣传力度，引导广大读者积极利用数字资源

公共图书馆必须注重对数字资源的宣传，使数字资源的利用率得到有效提升，这是确保图书馆数字资源价值得到充分发挥的前提和保障。当前，很多公共图书馆的馆藏数字资源都越来越个性化、多样化，这就为不同层次的读者提供了更多的选择机会，但要确保馆藏数字化资源被读者有效利用，图书馆就必须严格落实好相关宣传工作。要借助典型节目、活动等进行数字资源的宣传推广。

四、做好人才引进与培训工作，提升工作人员的综合素质

要保证公共图书馆数字资源建设与阅读推广工作顺利进行，就必须具备一支优秀的图书馆工作队伍，要求图书馆工作人员不但要了解有关数据库的专业知识，同时还要学会熟练运用各种信息检索技术、计算机操作技术。图书馆必须提高对专业人才引进的重视度，且必须针对在职人员编制专门的培训计划，为其提供继续教育的机会，从而不断拓展其知

识的深度和广度。第一，要定期组织专业岗位培训活动。将各种新专业理论知识和实践技能作为培训重点，使图书馆工作人员的知识素养与技能水平能跟上时代的发展需求。第二，要严格执行业务进修制度。定期挑选一批优秀的工作人员到相关科研机构、高等院校进修或者到国外相关单位进行交流学习，使其掌握先进的图书馆管理理念与技术方法。第三，要定期召开组织研讨大会。通过多种形式的研讨大会，为工作人员提供交流思想、总结经验、互相学习的机会。

五、重视图书馆互动平台多语言建设工作，重视网站对不同类别平台的适配性

我国各地图书馆的图书资源多以汉语为主，很多优秀的传统作品没有真正发挥其国际价值与地位，国际社会对于中国文化的了解依旧存在很大的欠缺，因此，无论是公共图书馆还是高校图书馆，其建设过程都要注重对各类图书资源的多语言化，全面发扬中华民族传统文化给国际发展带来的影响力。此外，各地图书馆建设工作也要注重对自身文化标识的塑造，以图书馆长远发展为基础，不断发展图书馆内部艺术氛围，强化互动平台内部的交流互动情绪，合理引导各类话题的发展，让图书馆互动平台成为公众文化发展的首要阵地。此外，对于当前各地图书馆公共服务平台所存在的适配性问题，图书馆内部管理人员与网站技术工作者需重点落实各项有效解决措施，合理利用各类开发建设语言，以提高图书馆资源展现率为根本，以打造更为高效的阅读推广路径为目标，让图书馆互动平台与各类新媒体平台有效融合，科学利用短视频、流媒体等全新的信息共享模式，提高社会公众对阅读活动的兴趣。

六、全面发展信息化服务理念，针对社会公众需求的变化，有效调整网络服务体系

图书馆是人类精神文明的聚合体，其对社会公众的影响不容忽视，其建设与发展过程更是需要与社会时代背景相契合，因此，当前图书馆资源建设与阅读推广工作中，相关部门与管理人员需要充分重视信息化网络所拥有的地位，重视读者群体自身的感受，改变传统经验理论，以引导社会公众文化发展为目标，不断推进网络信息文化的繁荣与丰富。各地公共图书馆与高校图书馆可成立统一的资源共享系统，实现阅读资源的有效转移与服务，将图书馆内部资源实现数字化与信息化，扩大平台资源存储量，并充分利用各类手段，让各类文献信息得以真正展现自身价值。此外，在平台建设过程中，相关工作者也要注重数据信息格式的有效统一，结合信息存储、转移与利用的相关需求，提高信息的整体利用效率与服务个性化。此外，为降低读者资源获取过程的难度，互动式网站建设过程需要搭配合理的检索与导航服务，在集成大量数据信息基础资源后，利用读者的习惯与偏好，快速完成集成化、个性化的信息检索服务，有效满足不同类别用户的阅读需求。

七、注重资源的拓展性与全民参与性，注重对高校图书馆与公共图书馆之间的相互补充

图书馆服务建设工作经费有限，但是，其资源的选择范围与形式却因互联网的存在而拥有无限的可能，因此，针对当前图书馆在资源以及阅读路径层面所存在的不足，相关工作者与各地的图书馆管理人员可构建全民参与性质的图书互动系统。无论是高校图书馆还是公共图书馆，其发展过程都要注重对群体力量的认可，发动广大师生群体与社会读者群体，充分利用 QQ、微信、微博等诸多平台，提高对各类图书资源的收集力度，并依照客户群体的不同特点，对现有资源以及各类拓展资源进行有效分类，以读者需求为基础，对整个资源数据库进行合理构建。此外，图书馆服务平台需要为每一位读者提供对应的信息反馈通道，让每一位读者在阅读过程中拥有更多的自我表达空间，并有针对性挑选优秀的点评内容，选取核心重点，让阅读资源成为社会各类群体的沟通渠道，让图书资源的发展成为公共文化建设的基础。

第三章 公共图书馆的网络文化建设

第一节 网络文化的特征

网络文化是全方位的。有的学者认为,网络文化的基本特征是开放性、虚拟性、互动性、渗透性、共享性。也有学者认为,网络文化具有虚拟性、开放性、集群性、共享性、多元性、平等性和交互性等特征。这些说法从各自侧面探索网络文化特征。但是作为基本的和本质的特征,应该具有一定的独特性,也就是网络文化所特有的,或者说在网络文化中反映最集中或最突出的,最能体现网络文化核心的特征。

一、网络文化的技术特征

网络文化首先是一种技术文化,是信息技术和网络技术进步催生出的文化。每一次技术的革命性突破,都会推动网络文化新方式新内涵的产生扩展。可以说技术特征是网络文化最基本的属性,其他特征都是建立在此基础上的。从技术特征层面观察,网络文化的特性体现的是互联网的特性,最主要的是虚拟性、交互性、共享性和时效性。

虚拟性。它产生并依赖于虚拟的"赛博空间"而存在。在网络产生以前,人们一直生活在实体空间。网络产生以后,人们的生存空间发生了变化,"赛博空间"是一个由无数符号组成的虚拟空间,在虚拟空间中每个人都可以尽情表现,许多在物理空间中难以寄托的梦想、行为可以在虚拟空间中得以实现。在物理空间里人们所建立起来的一整套的准则和习惯被打破,取而代之的是一个全新的网络虚拟世界。人的角色意识在两种不同的空间里进行转换,现实世界表现的有限性与内心世界倾泻的无限性冲突都会在网络行为中体现出来。

交互性。交互性是指人们在网络活动中发送、传播和接收各种信息时表现为互动的操作方式。互联网作为一种崭新的传播媒体,区别于其他传统传播媒体的最本质特征,就是交互性。在互联网出现以前,传播媒体的传播交流方式基本上是单向的,互联网改变了这一切。互联网的交互式操作方式表现出多方向、大范围、深层次的特征,使人们的沟通交流方式面临着深刻变革。在网络中,每一个网民都不仅是信息资源的消费者,同时又是信息资源的生产者和提供者。主动参与交流，在沟通碰撞中相互引导，提高了信息的传播效果。

共享性。信息和资源的高度共享性是网络文化的又一基本特征。互联网的并行能力很强，它允许在同一时间内对同一信息源进行同主题的多用户访问，基本实现了资源供给与需求的一致性原则，避免了信息资源的浪费，减少了重复建库的时间和经费浪费等问题。共享性使得网络文化在存在特点和表现形式上都具有极大的趋同性，将本属于个别文化区域的资源转变成了所有文化的共同资源。

时效性。互联网的传播不受时间、地点和空间的限制，信息的收集、资料的查询变得更加快捷和有效。通过网络，人们可以几乎与面对面同步的速度传输文字、声音、图像、视频，且不受印刷、运输、发行等因素的限制，可以在瞬间将信息发送给千家万户，而且用户也可以随时方便、快捷地获取所需信息。

二、网络文化的精神特征

文化的精神属性体现了文化的价值取向和追求，标志着文化赖以生存发展的本质特征。从网络文化的精神属性观察，网络文化具有开放性、平等性、多元性、自由性等特征。

开放性。用户可以自由地访问网络上的各种资源，也可以发表各种言论，上传各种信息。在网络文化中，开放性得到了最深刻而具体的体现。互联网上的不同主题的网站、新闻组、论坛、聊天室、博客等，基本上都是开放的，任何人都可以根据自己的意愿和需要，获取自己想得到的信息，任意地与世界各地网民进行联络、交流，自由地访问各种信息资源。各种观点、思想、民族文化在这里都可以找到自己的位置，任何人在任何地点任何时间都可以自由表达其观点，突破了以前任何形态的文化都是区域性的局限。

多元性。信息来源的开放性带来了信息内容的多元化。网络上的文化产品没有数量限制，并且兼容各色各类文化产品和价值理念。形形色色的文化样式、价值观通过网络的高速传递呈现在大众面前，满足不同品位、不同心理需求的人们需要。多元性也反映在包容性上，网络文化使人群与人群之间的差异性、独立性、创新性、宽容性得到认同；同时，网络文化使不同文化完全冲破了地域限制和时间限制，不同文化之间得以相互了解和沟通。

自由性。网络文化不仅增强了不同地域文化和传统文化之间的接触与交流，而且扩大了不同文化背景下的个体之间的接触，为个体的异地远程联系提供了方便。人们在网上可以进行任意主题的、长时间的、多媒体形态的联络，这种文化联系的自由度是前所未有的。

第二节　网络环境下公共图书馆文化的内涵

进入 21 世纪，人类越来越多地从"文化"的层面和高度来思考自身的问题，追寻自我发展的道路。文化是人类在社会历史发展过程中所创造的物质财富和精神财富的总和。

21世纪是公共图书馆变革和发展的时代，是由传统公共图书馆向现代公共图书馆转变的时代，公共图书馆背负着厚重的历史文化，向网络化信息时代走来。网络化的发展为社会和经济带来了新的动力，网络化也为公共图书馆文化的发展创造了更为广阔的发展空间。

一、网络环境下公共图书馆文化与传统公共图书馆文化的差异

网络技术在公共图书馆中的应用起源于20世纪60年代的美国。目的是在公共图书馆系统内共享编目数据，实现馆际互借和文献资源的共享，以提高公共图书馆文献资源的利用率。公共图书馆网络的出现受到了图书情报学界和公共图书馆广大用户的欢迎，很快从地区发展到全国，从一个国家发展到全世界。目前，西方发达国家的大多数公共图书馆和文献信息服务机构都已实现了网络化，资源共享的范围和深度都达到了相当高的水平，用户在任何时间、任何地点都可以方便地获得公共图书馆提供的网上文献信息服务。我国公共图书馆与文献信息服务机构从20世纪90年代中期开始利用网络技术构建公共图书馆的文献信息管理网络和用户信息服务网络。目前已建立了中国高等教育文献保障系统、国家科技文献资源网络服务系统、中科院网上文献信息共享系统、国家公共图书馆工程等，大多数省、市高校和公共图书馆都在网上建立了自己的网站。

网络技术在公共图书馆中的应用，给传统公共图书馆带来了许多前所未有的变化。各种电子文献、数据库资源被公共图书馆大量地收藏和使用，一些具有特色的印刷型文献被转化为数字化文献资源，极大地丰富了公共图书馆文献资源的载体形式，网络信息资源也成为公共图书馆搜集利用的虚拟馆藏资源。网络环境下公共图书馆文献资源的建设，具有不同载体形式并存、现实馆藏与虚拟馆藏并存、文献资源书的所有权与使用权并存的特点。公共图书馆馆藏物质基础的变化，带来的是公共图书馆服务手段的变革，公共图书馆越来越重视利用网络和先进的信息技术，为用户提供各种数字化信息资源，优化传统服务效能，实现文献资源的共建与共享，网络成为公共图书馆开展服务的重要技术手段。这些变化使传统的公共图书馆文化所赖以根植的物质基础和环境发生了深刻的变化，单一的公共图书馆网络个体成为网络大环境中的一个重要节点。网络环境的公共图书馆文化作为网络文化中一种相对独立的文化形态，在丰富了网络文化的内容和形式的同时，也使网络文化融入公共图书馆文化之中，影响着网络环境下公共图书馆文化的构建和发展。

网络环境的公共图书馆文化不仅是传统公共图书馆文化的简单延续，而且是在继承传统公共图书馆文化的基础上，具有网络文化特征的一种新的文化体系。一般来说，它是公共图书馆在网络环境下逐渐形成和建立的，公共图书馆共同认可并遵循的新的价值观、道德标准、公共图书馆哲学、行为规范、管理理念、管理方式以及规章制度等的总和。

二、网络环境的公共图书馆文化内涵

网络环境的公共图书馆文化包括网络环境下公共图书馆的物质文化、精神文化、制度文化三部分。

（一）物质文化

网络环境下公共图书馆的物质文化是公共图书馆文化的外部表现形式，它包括公共图书馆的文献资源和设备资源，公共图书馆的网络环境、设施等物质现象。网络环境下公共图书馆的物质文化，仍然是一种服务的文化，与传统文化的差异是对服务概念的不同理解。在网络环境下，服务是人与人之间的一种特殊形式的"互动"，是人与人之间生存方式相互依赖的具体表现。

（二）精神文化

网络环境下公共图书馆的精神文化是以指导现代公共图书馆开展内部业务活动的各种行为规范、群体意识和价值观，是以网络环境公共图书馆精神为核心的价值体系。它描述了网络环境下公共图书馆的社会定位和价值观。环境变了，但公共图书馆的宗旨没有改变，它仍将致力于把有限的文献信息资源做无限的开发和传播，并在公平、公正、公益的基础上向全社会各种人群多途径地传播文献信息，满足社会大众对文献信息的需要，从而促进社会的共同进步与发展。

（三）制度文化

网络环境下公共图书馆的制度文化是指由公共图书馆的法律形态、组织形态和管理形态构成的外显文化。它是公共图书馆文化的中坚和桥梁，可以把网络环境公共图书馆文化中的物质文化和精神文化有机地结合成一个整体。网络环境下公共图书馆的主要任务已经从传统公共图书馆的藏书使命，转变为向读者提供深层次文献信息增值服务和个性化文献信息服务，所有公共图书馆规章制度的建设必须围绕文献信息的服务来进行。

网络环境下公共图书馆文化的核心体现为公共图书馆新型的技术文化、管理文化和服务文化。从技术文化的角度来讲，就是公共图书馆采用最新的信息技术搜集、加工、组织、存储、传递各种数字化馆藏文献资源，并为用户提供优质高效的文献信息服务；从管理文化的角度来讲，就是利用网络技术手段对公共图书馆的馆藏发展、咨询服务、用户对象进行协调、互动的一体化管理，实现广泛的文献资源的共建与共享；从服务文化的角度来讲，就是开发可供网上查询和获取的特色馆藏文献资源，利用各种信息技术开展个性化服务、知识组织服务、网络信息的导航服务。

网络环境下的公共图书馆文化仍在不断地发展。作为公共图书馆文化承载者的公共图书馆，只有充分地意识到这一点，才能有效地把公共图书馆文化与时代文化有机地结合起来，使公共图书馆文化真正具备时代精神，达到公共图书馆文化与人类文化的统一、科学与人文的统一。同时，科学地吸收网络文化，利用网络文化的优势，把各自的公共图书馆文化通过网络加以传播，弘扬优秀公共图书馆文化的精神，使公共图书馆文化与网络文化融为一体，促进优秀公共图书馆文化与网络文化健康地发展。

第三节　网络环境下的公共图书馆文化特征

一、网络环境下公共图书馆文化的全球性

公共图书馆既是一个国家、地区的文化中心，也是文化交流中心。网络的形成使世界上不同国家、不同地区、不同公共图书馆的文献信息资源共享成为现实。人们可通过网络来了解各个国家、各个民族的文化特色以及现代科学技术的发展情况，查阅自己所需要的各种文献信息，从而扩大人与人之间的文化交流，打破传统公共图书馆长期以来文献资源相对封闭的文化氛围，使公共图书馆文化走向世界。公共图书馆通过网络把世界联系在一起，使各个公共图书馆成为网络环境中的一个节点，扩大了公共图书馆文化之间的交流，使单一公共图书馆文化走向多元化全球化的公共图书馆文化。

二、网络环境下公共图书馆文化的兼容性

网络环境下公共图书馆文化包含了世界上不同国家、不同地区、不同公共图书馆的文化，各种文化形式在网络环境下共存。网络环境下公共图书馆文化的跨地区性、跨文化性体现了网络环境下公共图书馆文化的兼容性，文化的兼容性也丰富了公共图书馆文化的内涵。公共图书馆文化的兼容性还体现在文献资源类型上，即传统印刷型纸质文献与数字化文献的兼容并存，虚拟馆藏与现实馆藏的兼容并存，文献所有权与使用权的兼容并存；在服务方式上传统的借阅方式与网上新型服务方式的结合等。

三、网络环境下公共图书馆文化的开放性

网络环境下公共图书馆文化的载体包括网络技术、信息技术、计算机技术等先进的信息技术设备和数字化馆藏资源，使公共图书馆信息资源在网上快速传播，用户利用馆藏资源不受时间地点的限制，公共图书馆的服务工作和与用户的交流处在一个动态开放的环境中，同时网上公共图书馆的用户范围也比传统公共图书馆更加广泛，它不仅包括原有的公共图书馆用户群体，还包括更多的网上公共图书馆用户。此外，公共图书馆也将更多地利用网络信息资源，通过组建虚拟馆藏的方式为用户提供利用服务，这种以网络信息资源为

主的虚拟资源使公共图书馆的馆藏资源体系从馆内的实体文献扩大到了馆外的互联网范围，并随着互联网上相关信息的动态变化而不断变化，体现了公共图书馆馆藏资源具有动态开放性。

四、网络环境下公共图书馆文化的互动性

在传统的公共图书馆服务中，向用户提供的信息服务往往是单向性的、一次性的。与传统文化单向性传播不同，网络环境下公共图书馆文化信息的传输是双向的，具有交互性。公共图书馆通过利用网络信息技术，为公共图书馆工作者与用户、用户与用户之间提供在线实时交流，可以通过网上论坛、网上聊天等途径，使公共图书馆工作者与用户之间进行沟通，收集用户的反馈信息，了解用户的信息需求，回答用户的信息咨询等。这种网络环境下公共图书馆文化的互动性，将彻底改变传统公共图书馆的服务理念和服务模式，将重新构建用户对公共图书馆服务的思维定式和价值取向，进一步促进新型公共图书馆服务文化的发展。

五、网络环境下公共图书馆文化的个性化

虽然网络信息技术应用于公共图书馆中，打破了公共图书馆文化与其他文化交流的界限，使公共图书馆文化在物质层面的交流成为现实，也使公共图书馆文化与网络文化的融合成为大势所趋，但是服务的特殊性使网络环境下的公共图书馆文化仍将保持自身的特色。而且在网络环境下，更加突出了建立独特公共图书馆文化的必要性，各个公共图书馆都将致力于开发特色馆藏资源，发展特定的信息服务模式，使公共图书馆文化更加具有个性化。

第四节　网络环境对公共图书馆文化的影响与发展

一、对用户获取方式的影响

公共图书馆是社会的文献信息服务机构，作为一个社会机构，它也必然要追求效益最大化目标，努力在活动过程获得尽可能高的工作效率和服务效率。长期以来，公共图书馆面对的是具体的用户群，它的目标就是让用户在了解并获得文献信息的同时，不断提高用户在获取这些文献时的方便和满意程度。对于需要获得并且利用文献的用户来说，最重要的考虑无非是以下几个方面：①是否可以比较容易地获知需要的文献与是否存在创新；②已经获知存在的文献是否可以较快获得；③获得的文献形式是否容易利用。这几个方面

就涉及公共图书馆文献信息资源的可获取性问题。

传统公共图书馆的服务，主要表现为按读者的要求提供所需文献或书目信息，通过文献载体的物理位移来实现。尽管公共图书馆的工作系统从各个方面都围绕着提高文献的获取性进行运作，但受文献传递方式的制约，难以从根本上提高公共图书馆的文献获取性。现代信息技术的广泛应用，使信息远程传递已经变为现实。网络缩短了读者与信息源的距离，使各种信息更便于查询和获取。公共图书馆网络化的实现从根本上改变了公共图书馆开展文献信息服务的方式，使公共图书馆的文献信息可获取性得到极大提高。

目前，公共图书馆的书目信息资源共享已经实现。用户可以通过网络查询公共图书馆的书目文献信息，极大地提高了公共图书馆书目信息的获取性。在公共图书馆的资源共享体系中，书目信息共享是最早得到重视和发展的。现在，不仅公共图书馆在采访编目工作中已实现了联机编目，而且用户也可以通过网络查询公共图书馆的公共联机目录，同时查询的对象不只限于某一公共图书馆的书目数据库，而是网络公共联机目录系统所包括的所有公共图书馆的书目信息，查询的内容也不只限于书目数据，可以扩展到其他领域，能满足不同用户的要求。

各个孤立的公共图书馆馆藏经过数字化处理后，按一定的格式标准建立统一的检索界面，通过网络连接组成跨地区的联合馆藏，用户可以不受时间、地点限制，实现远距离文献信息传递和文献提取。对公共图书馆来说，它提供了一条解决"信息爆炸"与公共图书馆经费紧张的矛盾的途径，可以在共享的基础上合理配置文献资源，对用户来说，进一步改善了文献的可获取性。

随着互联网的不断发展，公共图书馆变得更加开放，公共图书馆将成为重要的网上信息源。一切进入网络的公共图书馆都将向全社会开放，成为社会的公共信息资源。公共图书馆将不再是单一形式的文献传递者，而是网上信息资源的传递服务者。它将大量的经过组织的数字化馆藏文献信息快速存取和高速传递，为用户利用，这就极大地提高了馆藏文献信息资源的可获取性程度。

公共图书馆通过网络开展服务，使公共图书馆服务手段更便利、高效，减少了用户获取文献的时间。例如，用户不到公共图书馆就能了解公共图书馆的馆藏信息和借阅规则、办理借还书或预约手续等，在一定范围内也可以通过网络代替手工的文献传递。

网络化在影响用户获取方式的同时，也改变了公共图书馆馆员在保证文献信息获取性方面承担的角色。在传统公共图书馆中，公共图书馆馆员是服务中最活跃的因素，公共图书馆馆员处于实现保证"可获取性"目标的最前沿，读者面临什么困难，公共图书馆的就有责任提供相应的技术、发展相应的技能为用户解决问题。同样，在公共图书馆从采访编目到典藏流通和管理的各个工作环节中，公共图书馆馆员的行为方式都会影响到用户对文献"获取性"的程度。

随着网络的普及和信息用户群的不断扩大，网络已经成为越来越重要的获取信息的渠道。网络为各种用户获取利用网络信息资源提供了方便，加快了信息交流的速度。网上信息服务机构不断增多和网上专业数据库的种类增加，使信息用户群越来越频繁地从网上利用公共图书馆以外的信息资源。但文献载体的多样化，增加了文献信息检索的广度；信息的易获取性使获得的信息太多、选择困难；网络的全球化使信息语言和信息文化的差异在信息交流上的障碍凸显出来；目前网上各种专业搜索引擎和数据库的检索效能都不理想。这些都是网络信息环境下所产生的新问题，影响了用户对网络信息资源的可获取性。在这种情况下，公共图书馆馆员角色面临着新的定位，公共图书馆馆员工作重点将从目前的传统业务转移到网络信息的搜索、组织、研究和服务上来，并按照保证"可获取性"原则，根据用户的信息需求特点，对网上有关的信息资源进行集中和序列化整理，提高用户对网上资源的获取性，这一过程被称作是公共图书馆的网络信息资源导航服务。公共图书馆馆员作为这个环节的一部分并在这一过程中动态和交互式地向用户提供导航服务，成为网络信息体系和网络信息用户之间的中介人，其职能就是帮助用户更加快捷方便地获取和利用网络信息资源，提高用户对网络信息的获取性。可以说，公共图书馆馆员就是用户的信息导航员。

随着公共图书馆实现了网络化，公共图书馆教育职能的实施也将主要通过网络开展。网络环境下公共图书馆实施教育职能将主要依托基于公共图书馆的网络教育形式开展。公共图书馆是 21 世纪公共图书馆的发展趋势，同时也是实施终身教育的有效工具，利用公共图书馆实施终身教育具有独特的优越性。

公共图书馆拥有有序的海量信息资源，不仅包括对公共图书馆馆藏资源的数字化，还包括各种有价值的信息资源。

可以对不同类型的信息资源进行优化配置，能满足用户多样化的学习要求。与互联网上信息繁杂无序并充斥大量不良及垃圾信息的状况不同。公共图书馆的资源内容是按照用户需求挑选出来的具有高度价值的知识信息，经过分类、编辑、整理、加工，以受教育者易于接受的形式提供给用户。公共图书馆资源组织的关键是将信息资源放在知识单元而非文献单元的层次上组织起来，从而提供有利于产生新知识的资源。公共图书馆是一种具有增值效应的有序的知识库。除了信息存储的广泛性，有利于学习者、研究者获得最新信息，掌握新的资料和研究动态。

公共图书馆所具备的便捷的服务方式、丰富而多元化的服务内容、优质的服务效果，为知识传播提供了优越和高效的科学手段。

公共图书馆具有的突破时空限制而使用户自由、方便共享数据资源的优越性，使用户可以便捷地获取所需要的信息，为开展全民终身教育提供了有效的支持环境。公共图书馆是组织互联网资源的优先模式，它将改变目前网络信息分化、良莠混杂特征。按照一定要求组织起来的资源，通过智能检索工具，可实现按知识体系进行检索。跨库检索和无缝链接技术，使知识门类在网络上实现了互通，较好地体现了知识的广度和深度。公共图书馆具有强大的信息传播和发布功能，可随时发布和传播各种文献资源的消息，它不仅能够持续不断地提供用户所需的信息和知识，而且具备"引导"和"导航"功能，使用户受教育的模式、用户的学习是以知识为中心，而不是以课堂为中心，"批量生产"的教学方式越来越难以满足不同学习者的特性需求（即个性化需求），而远程教育和网络教育则提倡自觉和主动的教育方式。公共图书馆能够提供用户自主选择的基本功能、用户界面、信息资源等个性化信息服务模式，实现不同用户登录后具有不同的权限和风格，能够访问不同的信息资源。受教育者可以根据自身的需求和按自己的进度接受教育，增强了教育过程的弹性，有利于确立学习者的主体地位，使学习者获得学习的自由性。信息媒体的多样化使用户有了更大的选择余地。文本、声音、图像、影像、软件、科学数据等多种信息，有助于更丰富、形象、生动地展示教学内容，使受教育者可以结合自身的需求与特点（如兴趣爱好等）进行选择。

二、对加速知识信息传递的影响

新出现的信息载体和传递手段相对于传统的纸质文献来说有着无可比拟的优越性。这些新型的信息载体传递信息具有传递速度快、存储量大、检索方便、功能综合化等特点，知识和信息传播的规模得到空前的扩大，进而引发了人类科学技术的高速发展和知识文化的广泛传播，出现了"知识爆炸""信息爆炸"的现象，推动人类社会进入信息社会和知识经济时代。另外，随着网络的普及，网络电子信息传递对纸质的印刷型文献传递信息的主体地位造成了挑战。

网络传播是以数字化、多媒体和通信技术的网络作为物质载体来传递、交流和利用信息，从而达到传播社会文化目的的一种传播形式。网络最根本的特点就是它能实现信息的快速传递和信息资源的广泛共享。这两点就形成了网络的三大基本特征：①时空压缩，传统文献数字化后通过网络来传播有其巨大的速度优势，扩大了文献传播的范围，走向跨时空传播，而印刷型文献的传递必然要受一定时间空间的制约；②双向互动，网络上进行信息传递的主体之间不再是主动和被动的关系，而是双向互动的关系，而印刷型文献的知识信息传播方式是单向的；③高效检索，指通过一定的信息检索工具和方法可迅速从海量网络信息中查询到相关的有用信息，并可支持多途径检索，相对而言，印刷型文献的信息检索效率很低，成本很高。与传统印刷型文献传播相比，网络信息传播还具有低成本、信息的传播数字化、多媒体的传播手段、非线性的信息组织方式、交互式的传播方式、开放式的传播范围和跨文化传播的特点。如在网络中，文字、动画和声音等可融为一体，从而产生了新型的文献传播媒体，如超媒体文本，使得信息传播更加生动和形象化，更容易被接受。

网络信息传播的这些优越的功能，极大地推动了全社会知识信息与文化的传播速度和效能，并改变了信息传播主体与信息用户的信息利用观念。

对网络信息传播主体来说，网络传播改变了公共图书馆的传统工作方式：更加重视收藏、组织可通过网络传播的数字化文献，并越来越多地通过网络来开展工作和服务。网络传播正改变着其文献服务的理念、方式、过程和内容，如需要重视受传者的个性化需求等。

对网络信息用户来说，其文献信息利用行为也发生了变化，信息用户越来越多地通过网络来获取信息。用户对信息的认知、思维方式以及信息接收心理也都发生了变化。如多媒体信息的内容与表现形式更加丰富、直观，更易于用户接收和理解；同时，新型数字化的文献传播采用非线性的信息组织方式，正改变着用户按照线性思维逻辑进行阅读的方式，使之转向基于网络的认知模式。此外，网络环境下的平等性增强了用户自主、自由和主动参与信息传播的意识。网络传播为知识信息的传播带来了深刻的影响。现阶段，网络作为一种新型的信息媒体，扩大了文献传播的渠道，改变了文献传播的方式。随着网上文献传播的发展，网络传播和文献传播可能逐步走向融合，以此达到加快知识交流的目的。

三、网络环境下公共图书馆文化的发展

公共图书馆作为一个国家最重要的社会信息系统之一，经过长期积累而拥有丰富的文献信息资源，在数量和质量上都具有其他信息服务机构无可取代的地位。公共图书馆可将丰富的文献信息资源经过数字化加工，成为网上重要的信息资源。公共图书馆还具有信息职业技能优势，是重要的信息资源管理机构，它在长期搜集、整理、存储、传递知识信息的工作实践中积累了丰富的组织、管理信息资源的经验。公共图书馆同样可以在网络文化信息资源的建设、组织、管理上发挥一技之长。当前方兴未艾的公共图书馆建设是公共图书馆界进行网络信息资源建设的重大举措。其目标之一，就是要建立起一个跨地区、跨行业的巨大文化信息资源建设的重大文化信息资源网络，在互联网上形成超大规模的、高质量的公共图书馆文献信息资源库群，在21世纪文化发展的大格局中，扩大公共图书馆在网上的作用和影响。以公共图书馆为例，各种类型的公共图书馆经过长期的努力积累了丰富的、经过专业人员加工整理的、有较高社会价值的地方文献，其数量以及连续性、系统性、完整性是其他任何机构都无法竞争的。它们是各类型、各具特色的地方文化的代表，地域、文化色彩浓厚，既是地方文化的代表又是公共图书馆文化的重要组成部分。将这些地方文献数字化，建立地方文献数据库，在网络环境下，就可以以其完备的本地特色资源加入全社会网络资源保障体系中。

总之，各类型公共图书馆充分发挥各自的文献资源优势，进行网络资源建设，将扩大公共图书馆文献信息资源在网上的占有率，形成公共图书馆文化在互联网上的整体优势，以抵制不良网络文化的渗透。

网络化时代，公共图书馆将一如既往地承担传播知识、文化的职责并担当起网络文化建设与服务的重任。面对鱼龙混杂的众多网站，面对纷纭繁杂的网络信息，公共图书馆在网站建设、网络化发展中，可以以其知识性、文化性、服务性、公益性，以其丰富、高质量的网络信息资源及优良的网络服务，满足大众的网络文化需求，成为大众可以信赖的知名网站，在大众网络文化消费中占有一席之地。公共图书馆所秉承的优良的文化传统也将在它的网络建设与服务中发扬光大。

公共图书馆是重要的文化机构。在网络时代，除可以采取扩大公共图书馆网点、以新的公共图书馆网络服务手段来引导、提升与满足人们日益增长的文化消费需求外，公共图书馆更应站在网络文化建设的前沿，积极进行新型的、健康的网络文化的建设与完善，将其长期以来开展文化工作的丰富经验与方式、方法运用到网络建设与服务工作中去，建设、培养、传播网络文化。公共图书馆应当塑造自身独特的网上文化形象，这样才能有助于公共图书馆网上信息服务的更好开展和有效地吸引公共图书馆的网上用户群体。

资源建设与资源利用的统一，就是在网络环境下公共图书馆既要加强网络信息资源的建设和管理，又要有利于读者对这些资源的充分利用。与传统公共图书馆的馆藏建设一样，网络信息资源建设是网络环境下公共图书馆开展信息服务的核心，也是网络环境下公共图书馆文化的重要组成部分。同样，网络信息用户的需求是网络公共图书馆生存、发展的原动力，公共图书馆的网络信息资源建设必须要以用户的需求为导向，只有符合用户需求的信息资源，才能够被用户重视和利用；也只有经过有效加工组织的资源，才能够被用户重视和利用。在这一观念的指导下，公共图书馆既要积极进行知识信息的收集、组织、存储与传播，同时也要关注信息用户的信息需求和发展，研究用户利用和吸收文献信息的心理和行为规律问题、用户的信息意识和信息获取能力培养问题、系统用户友好性的改进等，把资源的建设与利用有效地统一起来，才能发挥资源的效用和效益。

21世纪公共图书馆的模式，从整体上看，其特点是：①纸质印刷型文献、缩微型文献、电子出版物、虚拟馆藏并存互补，而电子出版物将不断增加；②传统公共图书馆、自动化公共图书馆、公共图书馆共存互补，而数字化公共图书馆由实验转入实用，传统公共图书馆、自动化公共图书馆不会消失并能获得新发展。21世纪公共图书馆是传统公共图书馆、自动化公共图书馆、数字化公共图书馆并存互补的时代。数字化公共图书馆不是一个实体，而是一个信息空间，一切信息将以数字化形式在网络上高速传递。

公共图书馆建成之前，需要将公共图书馆馆藏转换成数字；建成之后仍需要公共图书馆采集、整理、加工，转换成新的信息，以不断补充公共图书馆的信息量。因此，公共图书馆首先是在自动化公共图书馆、传统公共图书馆的基础上建立，又依靠自动化公共图书馆、传统公共图书馆加以管理和发展的。

纸质印刷型图书在21世纪不会消失，公共图书馆为了满足用户需求，传递信息，仍将采集、整理、储存新出版的图书。

世界发展是不均衡的，发达国家在21世纪将由自动化公共图书馆迈向数字化公共图书馆，而一些发展中国家由于经费、设备、技术条件等的限制，传统公共图书馆可能仍是主要的存在形式。

总之，数字化公共图书馆不可能代替传统公共图书馆的全部职能。我们应该看到公共图书馆正面临重大变革。以网络为中心的计算机技术、通信技术、信息数字化技术以及计算机国际语言化技术的突破，正在把传统的分离割裂的公共图书馆推向全球一体化、网络化的新境地。21世纪的公共图书馆技术，将使传统公共图书馆技术与新的信息技术相结合，以新的信息技术为主导。新的信息技术的基础是微电子技术、计算机技术和通信技术等高新技术群。信息技术的广泛应用和发展，将有力地推动 21 世纪向前发展，也必将推动公共图书馆向更高形态发展。

21 世纪公共图书馆工作方式的变化，是公共图书馆馆员与计算机将会结合得越来越紧密。不论什么类型的公共图书馆，公共图书馆馆员都将通过操作计算机去实现公共图书馆的目标，去完成工作任务。因此，21 世纪公共图书馆进入了一个人机结合的时代，公共图书馆工作流程、服务方式和管理方式及公共图书馆馆员的智力结构将发生重大变革。

第四章 公共图书馆的馆藏文献数字化建设

第一节 特色数字资源建设现状

随着科学技术的不断发展与网络的逐步普及，数字资源对公共图书馆的意义逐渐显现，尤其是特色数字资源建设，对公共图书馆的未来发展具有不可忽视的作用。因此如何做好特色数字资源建设，是公共图书馆必须重视的工作之一。但是由于各种因素的影响和制约，我国公共图书馆的特色数字资源建设还存在一系列的不足，因此对于公共图书馆来说必须要正视这些不足，找出对策以谋求自身更好的发展。

一、公共图书馆数字资源建设的作用和意义

相比传统的公共图书馆，数字资源具有占用空间小、信息形式丰富（比如视频、音频资料等）、容易存储等诸多的优势，可以说它既继承和扩大了传统公共图书馆的优点，又充分体现了信息技术的优势。它将两种形态进行了充分的融合，并形成了互补，实际上是对传统公共图书馆作用的进一步扩充，与传统的公共图书馆相比，数字资源不受对象和地理位置的限制，在不与图书工作人员直接见面的情况下，通过网络与公共图书馆实现联系，公共图书馆人员则通过电子的咨询台和电子邮件与读者进行联系，这实际上能够在更大程度上满足读者的需求。

数字资源建设的重要特征是建立以信息为主的各种信息资源，也就是要通过发挥信息技术的优势，将公共图书馆的图文资料进行数字化处理，并将其复制保存在更适宜的环境之中，使这些珍贵文献在受到充分保护的同时，得以更为充分地应用。

二、公共图书馆特色数字资源建设现状

为了更好地对公共图书馆特色数字资源建设进行分析，本节通过调查发现，在积极探索公共图书馆特色数字资源建设的过程中，各地的公共图书馆特色数字资源建设都取得了比较明显的成绩，特别是一些经济比较发达的城市公共图书馆更是如此。比如广州少年儿童公共图书馆的特色数字资源建设——"羊城少图工作数据库"；湖南少儿儿童公共图书

馆的特色数字资源建设——"本馆原创动画数据库"等。这些城市公共图书馆在对地方文化特色和少儿需求进行挖掘的基础上，开发出了自身的特色数字资源，满足了当地读者尤其是青少年读者的需求，得到读者的广泛关注与认可。同时，各地的公共图书馆还在辖区的人员密集场所，设立了多媒体读报机、自助微公共图书馆等设备，通过多种多样有别于传统的文字、图片、音频等，为读者提供了优质的阅读资源，公共图书馆特色数字资源建设发展良好。

三、公共图书馆特色数字资源建设的共性问题

（一）少儿特色数字资源建设整体不足

特色数字资源建设是公共图书馆数字资源建设的重要组成部分，特色数字资源建设在很大程度上反映了本地区的地方文化特色，体现了对本地特色文化的挖掘，对公共图书馆数字资源建设来说具有非常重要的作用和意义。尤其是近年来，我国各地的公共图书馆对特色数字资源建设越来越重视，特别是对于少儿特色数字资源建设。

（二）特色数字资源建设的使用性不高

大部分的公共图书馆虽然有一部分特色数字资源，但是没有进行相关的分类，造成了使用的不方便。首先，就检索的形式而言，大部分公共图书馆的主页上有"特色数字资源"的索引，但是需要进入二级页面后才能够有效地进行访问，而层级页面过多是不利于儿童进行操作的；其次，就访问的方式而言，目前大部分公共图书馆的特色数字资源没有标注访问方式，儿童读者在进入烦琐的一级页面之后，却不能进行访问，造成了资源使用性不高。

（三）特色数字资源不够完整

我国部分公共图书馆在建设数字资源时，缺乏科学的规划，过分地追求自建数字资源成果，急于求成，导致在短期内推出多个数字资源库。但是从目前来看，我国部分公共图书馆仍然沿用传统的公共图书馆管理制度，而传统的公共图书馆管理制度基本没有涉及数字资源部分，这必然会给数字资源尤其是特色数字资源管理带来一定的困难。

（四）人员素质需要进一步的提高

现有的工作人员虽然学历较高，年龄结构比较科学，但是由于工作人员所学专业的限制，现有的工作人员大部分对信息技术的掌握不够，尤其是对特色数字资源建设所需要的网络知识、计算机技术、图情知识等比较缺乏，这就在一定程度上限制了特色数字资源的建设和使用，因此，为了充分做好公共图书馆的特色数字资源建设，发挥好公共图书馆的数字资源优势，必须要进一步提高我国公共图书馆的人员素质，补齐工作人员在网络和计算机技术等方面的知识短板和不足。

四、公共图书馆特色数字资源建设的提升策略

（一）注重少儿特色数字资源建设

在一定程度上而言，少儿是公共图书馆的重要读者群体，因此我国的公共图书馆应进一步加大少儿特色数字资源建设，积极挖掘本地的文化资源，开发出适合本地少儿的特色数字资源。具体来说，可以积极借鉴学习特色数字资源建设先进地区的经验，加大对本地青少年特色数字资源的挖掘和建设力度，力争使本地的少儿特色数字资源早日面向少儿读者群体，增加公共图书馆特色数字资源的竞争优势，促进公共图书馆特色数字资源的更好发展。

（二）建立和完善特色数字资源的管理制度

我国公共图书馆现有特色数字资源建设使用性不高的一个重要原因是没有建立特色数字资源的管理制度，而传统的公共图书馆管理制度与特色数字资源建设存在很多不一致的地方，因此要做好公共图书馆的特色数字资源建设，就必须要建立和完善特色数字资源的管理制度。

我国公共图书馆的特色数字资源建设工作一般由公共图书馆的技术部门负责，为了满足读者对阅读的各种需求，信息部应作为特色数字资源管理制度的重要制订者，参与特色数字资源管理制度的制订。从内容上来说，特色数字资源管理制度应对特色数字资源管理的内容、管理的原则、管理的方向以及制度的维护人员等进行明确，并积极地配合数据库公司做好数据库的升级工作，定期对中心机房服务器的软件、硬件等设施进行检测和处理。如果出现问题要第一时间进行检查和处理。另外还要进一步加强监督管理制度建设，不断强化监督管理，实现特色数字资源管理的规范化和科学化。

（三）增强特色数字资源的使用性

首先，公共图书馆要对现有的文献资料进行汇总与整合，构建出统一的查询系统，以便达到互联网平台数字整合资源统一整合的目标；其次，对于不同类别和层级的数字资源，要建设统一检索显示的系统。当然在统一检索显示系统建设的过程中，除了要充分运用网络科技技术之外，还要充分利用数据库技术，通过这些前沿的科技技术，能够对资料目标进行便捷的查找。同时，可以通过采用先进的引擎搜索系统，将综合性的搜索信息反馈给公共图书馆终端用户，这样能让用户在系统中检索获得公共图书馆中所有相关的数字资源，以此来为用户提供便捷的数字资源检索与阅读服务。

（四）提高工作人员的综合素质

公共图书馆特色数字资源建设不仅仅是信息化、网络化高度发展的最终成果，而且是社会发展和读者需求的最终体现。特色数字资源建设既是对传统图书管理的创新，也对图书管理人员提出了新的挑战。由于无论操作和管理方式都与传统的图书管理存在较大差

别，因此我国公共图书馆的管理人员必须要熟悉特色数字资源的内容，了解和掌握计算机技术、网络知识、外语知识和图情知识等，努力将自己打造成兼具管理经验与现代信息技术修养的优秀管理人才。

要提高公共图书馆工作人员的综合素质，将工作人员打造成优秀的管理人才。可以从以下两个方面进行。一是积极引进优秀的管理人才，要结合自身实际，做好人才需求计划，按照计划可以从科研机构、其他公共图书馆或者高校进行人才引进，人才引进的标准应重点放在计算机网络技术方面；二是对现有的工作人员进行培训，通过培训提升他们的业务能力、管理能力和相关的技术能力。具体来说，培训可以采取长期与短期、定期与不定期相互结合的方式进行，长期培训重点培训工作人员的信息素养，短期培训重点培训通过提高人员信息技术，解决读者日常出现的服务需求。

从目前公共图书馆特色数字资源建设来看，还是取得了比较明显的成效，在一定程度上能够满足读者的实际需求，但是也存在着一些共性的问题，虽然这些问题不是非常严重，但是也在一定程度上制约了特色数字资源作用的充分发挥，影响了公共图书馆的进一步发展。因此，我国的公共图书馆必须要提高对特色数字资源建设的重视程度，通过各种措施，努力弥补现有不足，促进特色数字资源建设和公共图书馆整体建设得到更好的发展。

第二节　公共图书馆特色数字资源的系统

我国公共图书馆可以结合本校、本馆的资源特色，依据本校重点学科建设需要系统地进行数字开发，形成特色数字资源库，以更好地为用户服务。本节探讨如何建设高校特色数字资源、有效整合数字资源库，以满足社会以及高校的需要。

一、数字化公共图书馆是公共图书馆发展的必然趋势

信息社会高速发展的今天，网络技术日趋成熟并渗透于社会各个领域，利用网络已经成为人们每天必不可少的活动之一。随着知识经济时代的到来，人们对信息服务的需求日趋多样化，公共图书馆传统的服务方式和服务手段存在一些缺陷。例如，人们想看什么书了只能等休息时间到公共图书馆借，没时间去就看不了，在时间上和空间上有局限性，服务仅限于借还。这些已经不能满足社会的需要，不能适应信息时代的发展要求。以网络技术为核心的高新技术能让我们随时随地检索公共图书馆藏书，随时随地与公共图书馆馆员进行沟通交流，获取所需信息。数字化公共图书馆的建设能够实现资源共享，是公共图书馆发展的必然趋势。

二、数字化公共图书馆特色库建设的现状

由于高校的学科设置、优势专业、人力资源配置不尽相同，因此高校应根据本校教学特点、专业特色对文献信息进行重点收藏与重点建设，形成独具特色的馆藏文献信息资源。院校知名学者的学术著作、科研成果、学术论文、教材讲义都可以经过整理成为该校的特色资源。目前，多数高校都非常重视本校的特色馆藏建设。例如，清华大学公共图书馆在"资源"版块中设置"清华特色资源"条目，读者可以在其中找到清华大学学位论文服务系统、清华大学学生优秀作品数据库、中国科技史公共图书馆、中国机械史公共图书馆等特色数字资源。南开大学公共图书馆在"电子资源／数据库"版块中设置"自建数据库"条目，读者可以在其中找到"公司治理"专题研究数据库、馆藏随书光盘数据库、南开大学知名学者电子文库等特色数字资源。特色数字资源库是数字资源的"精华部分"，它和普通购买的数字资源相比在很多地方有着独特优势和明显差异。高校建设本校的特色馆藏，可以实现公共图书馆文献资源的合理布局，有利于馆藏文献质量和服务水平的提高，在弘扬本校文化、指导教学科研、提高学校知名度等方面发挥了重要作用。

三、数字化公共图书馆特色库建设的发展思路

建设特色资源，以重点学科建设为中心工作。公共图书馆存在的重要价值是为教学和科研服务。每一所高校都有一个或多个自己的重点优势学科。校公共图书馆为满足教学与科研人员在教学和科研工作中的需要，多数建立了自己的特色数据库。例如，湖南大学公共图书馆自建"金融文献数据库""书院文化数据库"。河北大学的宋史研究、汉语言文学是该校的重点学科，该校公共图书馆的宋史研究资料室和文学院的文献收藏成为其的特色文献。天津大学的建筑专业、材料与工程专业、内燃机学科是该校的重点学科，该校公共图书馆依托这些学科优势建设中国建筑文化遗产数据库和摩托车信息资源数据库，对富有特色的文献进行整理，并按照一定标准和规范将本馆特色资源数字化，以满足用户的个性化文献信息需求。公共图书馆当前的首要任务是构建能反映本校学科重点、独具特色的文献信息资源数据库。

资源共享，联合共建，避免重复建设。目前，高校开发建设特色资源数据库需要投入大量的人力、物力和财力。几所公共图书馆可以联合建设特色数据库，分工明确并且各有侧重，硬件及软件设备的增设以资源共享为前提，在共享、共建、互利的基础上，以自身建设为主力。高校需要主动与计算机、软件工程、网络通信等多领域专家共同合作，实现在知识、技术、人力、物力上的资源共享，优势互补，将资源共享作为公共图书馆各项工作的出发点。

通过健全法律法规和利用高科技技术，保护知识产权。数字化公共图书馆建设中的知

识产权保护，一是要通过立法形式规范版权领域中涉及下载、拷贝、传播等的相关概念，出台相关惩罚措施，强化执行力度，达到保护作者版权的目的。二是高校要利用高科技技术手段，加强技术监督，利用 IP 段限制权限、密码保护、许可证制度等手段进行合法认证，从而保护知识产权。例如，公共图书馆在视频库建设与使用中应遵守知识产权法，否则将影响此项服务的效果和可持续发展。2010 年施行的《中华人民共和国著作权法》规定："仍然在版权保护期内的作品，若只是为教学科研或者个人学习用，则属'合理使用'的法律范畴；若对作品进行整理加工后，向读者和用户提供有偿信息服务，则有损权利人的演绎权和获酬权。允许公共图书馆等公益性单位为陈列或者保存版本的需要，复制本馆收藏的作品。"因此，公共图书馆的视频库应通过校园网络仅向本校的师生提供视频资料，主要服务于教学和科研，而不是以盈利为目的。高校要严格限定特色视频库的使用范围，保证其用户为本校读者。高校不能以盈利为目的出售视频库及资源，如有需要可以免费或采取共建共享方式，提供给其他公共图书馆使用。

加大资金投入，不断提高公共图书馆馆员的业务素质。一是，鉴于公共图书馆在信息化社会发展中的重要作用，各公共图书馆必须多方筹措有限资金加强软、硬件设施的建设，保证"信息高速公路"通畅，满足读者日益增长的信息需求和公共图书馆自身的发展要求。二是，具有较高科技水平的公共图书馆系统必然对其管理人员提出更高要求，馆员的服务工作不仅是为读者提供相关文献信息的检索与传递，还要帮助读者进行有效学习。因此，高校图书管理员的素质培养是高校数字化公共图书馆建设不可或缺的条件之一。笔者所在学校的公共图书馆工作人员，除应掌握图书情报理论知识外，还应对医学院校相关学科及边缘学科的理论知识有所了解，以提高自身综合素质和提升解答读者各种专业性问题的能力。在服务过程中，公共图书馆工作人员要不断丰富自身的知识内容，提高服务层次，细心听取教授、专家和普通读者对公共图书馆建设的意见和建议，为教学和科研人员从事教学、科研管理工作提供更好的服务。我国公共图书馆可以结合本校、本馆的资源特色，依据本校重点学科建设需要，系统地进行数字开发，形成特色数字资源库，以期更加完善、合理、方便、快捷地为用户服务。在今后的很长一段时间内，怎样建设好高校特色数字资源，有效整合数字资源库，满足社会以及高校的需要，将成为我们工作的重点。

第三节 公共图书馆的资源共享

"公共图书馆"集现代化公共图书馆建筑以及数字化管理模块为一体，在物联网和互联网科学技术的有机融合下，实现了对公共图书馆资源的有机整合和智慧化服务，同时可以为不同地区、不同需求的受众提供信息资源的实时共享。然而，受到政策和监管机制等多方面因素的影响，公共图书馆信息资源共享的现实发展依然面临着诸多困难，急需找到有效的发展途径，以此全面推动公共图书馆的信息资源共享发展。

一、公共图书馆的含义与特点

公共图书馆是一种新型的图书管理理念，同时也是一种先进的智能化建筑，在建设公共图书馆的过程中，应用了多种先进的智能技术，例如云计算、网络存储、物联网，以及各种自动化设备等。公共图书馆与传统的公共图书馆相比，打破了时间与地域的限制，实现了空间的互通，给公共图书馆日常管理以及图书借阅服务提供了很大的便捷条件。公共图书馆在基本成熟以后，具有信息共享性、服务高效性以及使用便捷性等特点，可以在物联网、云计算以及智能化设备等共同作用下建立一个完善的公共图书馆管理系统，将公共图书馆信息资源的整合、维护、发布以及存储、代理等基本功能进行统一规划，进而建立一个以图书服务为核心内容的综合性智慧服务平台，让用户在不受空间、时间的限制下，获得信息资源的实时共享以及资源利用的最大化。

二、公共图书馆信息资源共享现状

（一）信息资源共享制度缺失

目前，我国现有的公共图书馆多数归属于地方各高校，公共图书馆大多为独立运营，并且具有自身的管理特点以及信息资源共享模式。从整体上看，各公共图书馆的运营各自为营，没有一个统一、规范的政策制度进行约束，运营的模式也存在很大的差异，无法形成全范围的信息资源共享。在公共图书馆的发展过程中，信息资源共享政策制度的缺失，使得各个公共图书馆之间没有建立长期、良好的沟通机制，也无法在第一时间进行有效的信息资源共享，从而导致公共图书馆的信息资源共享工作的开展受到很大阻力，无法完全发挥出公共图书馆的实际功效，为用户提供优质的图书服务。

（二）信息资源共享风险大

现阶段，我国大多数公共图书馆都处在建设的初期，各种设备的应用以及信息技术的应用等都处在试验时期，没有形成完整、完善的运营管理机制，在信息资源共享方面上，存在比较多的风险问题，例如信息资源的泄露、不实信息资源的传播等，都会对信息资源的主客体造成一定的影响，为公共图书馆的信息资源共享带来安全隐患，以此制约了公共图书馆的快速发展。

（三）信息资源共享动力不足

虽然我国现有的公共图书馆已经基本成型，并且尝试建立了统一的信息资源共享平台，实现了对信息资源的有效共享。但是，公共图书馆的信息资源共享没有共同的利益，也没有共同的发展目标，从而导致公共图书馆信息资源共享的动力严重不足，无法承载目前智慧图书馆的信息共享平台发展，也无法高效、稳定地进行信息资源的全域共享。另外，国家和各级主管部门都缺少对公共图书馆信息资源共享的重视，也导致公共图书馆的信息共享出现明显的障碍，直接影响了信息资源共享的效率以及质量，不利于公共图书馆的全面发展。

（四）信息资源共享建设不到位

随着信息技术的不断发展，以及智能化设备的更新，我国多地域的智慧化公共图书馆基本形成了馆际之间的沟通互无，也可以进行实时的信息资源传输与共享。但是，由于网络建设的不到位，在跨区域进行信息资源共享的时候，存在信息资源传输速率慢、信息资源接收缺失或者访问受限等问题，使得馆际之间的信息资源共享形式化严重，无法真正地将信息资源共享落实到位，也无法完全、完整地为用户提供准确的馆藏服务，还无法彻底实现馆际之间的信息资源共享无障碍化和实时化。

三、公共图书馆信息资源共享新途径

（一）建立健全的信息资源共享制度

在现有的网络信息技术以及智能化设备的支撑下，我国的智能化公共图书馆基本可以实现信息资源的共享，为了进一步提高信息资源共享的时效性和安全性，国家相关主管部门应该根据各地区的智能化公共图书馆管理现状以及信息资源的共享问题，建立健全的信息资源共享制度。公共图书馆信息资源共享制度需要从信息资源共享要求、主客体利益以及信息资源安全等多方面入手，为公共图书馆的信息资源共享提供基本的制度保障。

①国家相关主管部门要辩证地看待公共图书馆的信息资源共享问题和用户的实际需求问题，并且要建立馆际之间的利益共同体，将各个公共图书馆有机地联系到一起，形成联动机制，以此更好地发挥馆际之间的信息资源共享作用。②相关部门要根据现有的馆藏资源形式和信息资源的共享模式，制定统一的信息资源传输、接收格式，并且使用统一的检索软件和数据库系统，为不同地域的用户提供一致的公共图书馆服务，以此提高信息资源的共享效率。③要对现有的公共图书馆信息资源共享制度和法律法规等进行全面的优化和有效的补充，减少信息资源共享过程中的制度缺陷，避免信息安全隐患问题的发生，为公共图书馆主客体提供一个健康、安全、良好的信息资源共享平台。

（二）完善公共图书馆信息资源一体化模式

公共图书馆的信息资源共享离不开各级、各地区公共图书馆的有效互动，也离不开各个公共图书馆的信息资源一体化建设。为此，在全面落实公共图书馆信息资源共享的时候，要将全国基础规模以上的公共图书馆进行在线联网，形成全覆盖的公共图书馆信息资源一体化模式，并将馆藏内的有效资源进行完全共享。公共图书馆信息资源共享的实施，可以帮助不同地区的用户通过信息资源一体化平台进入公共图书馆的综合管理中心，并且利用统一的信息资源检索引擎对自己所需的信息资源进行查找，并且自行下载查阅、留存。为了进一步提高公共图书馆信息资源共享的效率，各个公共图书馆需要借助一体化共享平台，对系统内的联网公共图书馆进行分级管理，并且对全部的馆藏进行统一的分配和整理，建立系统的检索引擎，将不同类型、不同领域的信息资源等进行分类管理，并且建立完整的馆藏搜索目录与子目录，以此将数量众多的馆藏资源进行有序地排列。

（三）加大公共图书馆信息资源共享投入

公共图书馆信息资源共享需要在先进的信息技术和管理系统的支持下运行，日常的运营和维护需要耗费大量的人力与物力资源，需要有足够的运行资源予以支持。因此，国家有关部门和各级地方政府应该逐渐提高对公共图书馆的重视程度，并且加大对公共图书馆信息资源共享方面的投入，引进最新的信息技术和管理理念，对现有的信息资源共享系统进行完善与优化，以此保证公共图书馆信息资源共享的有序运行以及快速发展，为用户提供更好的公共图书馆服务。①国家要加大对公共图书馆的硬件建设投入，对公共图书馆的计算机设备和管理设备等进行实时的更新，以此适应科学技术的发展，保证公共图书馆信息资源共享的先进性和有效性。②国家还要加大对公共图书馆信息资源共享的软件建设投入，尤其是网络方面的建设投入，对现有的物联网、移动网络、云计算以及大数据存储等方面不断地进行完善与系统优化，对存在的问题进行细致的分析，并且积极寻找有效的应对方案，进而实现公共图书馆信息资源共享的稳定性、安全性以及私密性，营造一个健康、绿色的互联网信息资料共享平台。

（四）提高公共图书馆信息资源共享安全性

为了实现不同地区之间的公共图书馆信息资源共享，公共图书馆之间必须借助移动互联网形成馆际连接，以此实现信息资源的快速传输以及共享。但是，将互联网技术应用到公共图书馆的信息资源共享上，也为公共图书馆信息资源的共享埋下了安全隐患。部分公共图书馆的网络安全配置相对较低，并且缺少完善的传输安全技术支持，从而导致在传递信息技术的时候会发生各种各样信息泄露或者数据丢失的问题，同时还会对各个公共图书馆的内部管理系统安全产生威胁，影响到公共图书馆各种功能的正常使用。所以，必须全面提高公共图书馆信息资源共享的安全性，建立严密的防火墙以及信息传输安全保障，以此保证信息资源共享的私密性和下载的稳定性。另外，各个公共图书馆还应该安排专人定期对公共图书馆的管理系统和信息资源共享一体化平台进行维护，找到潜在的安全问题，并且及时做出处理，为公共图书馆信息资源共享提供基本的安全保障，进而全面提高公共图书馆的管理效能和服务效率。

总之，在科技以及经济不断发展的今天，公共图书馆的发展必须与时俱进，紧跟时代发展的步伐，从自身的发展角度出发，立足于用户的实际需求，从政策、技术、投入以及系统化建设等方面入手，全面提高公共图书馆信息资源共享的水平，为用户提供更优质的图书服务，建立一个全覆盖、无死角、高速、高效的智能化公共图书馆平台，切实提高公共图书馆的资源利用率，充分发挥出公共图书馆的信息资源共享服务效能。

第五章 公共图书馆读者服务建设研究

第一节 服务创新是满足读者需求的当务之急

一、公共图书馆服务与读者需求的差距

有专家曾指出决定读者满意程度的主要是读者需求与公共图书馆服务之间的差距，而非实际服务行为本身。公共图书馆在努力提供高品质服务的同时，应立足于现实，明确读者的满意度是公共图书馆服务工作追求的核心，也是评判服务质量的最终标准。因此，努力研究读者需求和公共图书馆所提供的服务之间的差距也是非常有必要的。

（一）读者实际需求与管理者对读者需求的理解之间的差距

读者实际需求与馆员对读者需求的理解上的差距是读者需求和公共图书馆服务之间最根本的差距，若不能正确评估读者的需求，不能从读者利益和需求入手，那么所提供的服务要想满足或超出读者需求是根本不可能的。造成此项差距的根源主要是管理人员与读者缺乏必要的交流与沟通，不能在全面调查读者实际需求和潜在需求的基础上进行信息需求预测和经营决策。细分析可将此差距归结于以下因素：管理人员对读者需求缺乏广泛的调查研究，导致公共图书馆的服务与读者的实际需求相脱节，与读者的潜在需求相差更远；公共图书馆一线服务部门与行政决策部门缺乏足够的沟通与交流；多级管理体制使一线服务人员与最高决策者之间的沟通渠道不畅。

（二）服务质量标准与管理者对读者需求的理解之间的差距

读者对公共图书馆服务的衡量尺度主要体现于服务质量，而服务质量的体现往往既是全方位的，也是具体细微的。倘若组织决策部门制定了错误的服务标准，即制定的服务标准不能精确一致地反映读者的需求，势必导致此项差距的产生。具体原因包括：对服务质量承诺不当，对服务质量标准的可行性理解不足，确保馆员向读者提供始终如一的服务质量的技术监督机制欠缺，服务质量标准缺乏与读者期望直接相关的目标等。

（三）服务质量标准与实际服务质量之间的差距

在市场经济社会中，读者来到公共图书馆，往往习惯于以消费者的角度来看待所提供的服务质量。读者服务质量是公共图书馆工作人员为读者进行文献信息服务时使读者满意的程度，因此该差距与公共图书馆馆员的个人因素直接相关，如馆员的素质、动机、能力及态度等。公共图书馆馆员对自己的岗位职责认识不清，业务知识欠缺，缺乏应有的培训和履行职责的技能和技巧，馆员难以胜任自己的工作，以及公共图书馆馆员头脑中固有的"不可能令所有人满意"的观念是造成此项差距的主要原因。另外，管理体制的弊端使馆员缺乏处理各种问题的选择余地和灵活性，使公共图书馆馆员有受到管理者冷落的念头，因而影响了其服务动机和态度，也是造成这种差距的重要原因。

（四）公共图书馆服务与相关的信息交流之间的差距

即实际提供的服务与承诺之间的差距。过度承诺是造成此项差距的重要原因之一，例如集自动化和统一化为一体的联机公共检索目录（OPAC）可为用户带来诸多便利，然而当它超出了公共图书馆馆员的调控能力时（尤其是初次使用时），操作上的失败就会阻碍承诺服务的实施；另外，在提供服务时公共图书馆馆员与读者之间的信息交流的失误也是造成此项差距的原因，比如公共图书馆馆员给读者传达了过于理性和乐观的信息，使读者产生了过高的期望，从而降低了用户的满意程度。

二、服务创新是满足读者需求的当务之急

早在 20 世纪 30 年代，印度公共图书馆学家阮冈纳赞就提出了著名的公共图书馆学五定律，即"书是为了用的，每个读者有其书，每本书有其读者，节约读者时间，公共图书馆是一个生长着的有机体。"这一论断，从本质上揭示了公共图书馆工作和发展中的两个核心问题：一是公共图书馆工作的基本法则——公共图书馆必须坚持读者第一、服务至上，贯彻全心全意为读者服务的宗旨；二是公共图书馆发展的重要规律——公共图书馆必须适应社会的发展和需要，不断审时定位，调整自我。

我们应该认识未来公共图书馆事业的发展趋势，根据现代读者的新需求，正视目前公共图书馆服务与读者需求之间的差距，从服务理念、服务内容、服务项目、服务方式、服务手段、服务对象、服务人员、服务环境等方面开展服务创新，这样才能顺应读者服务的发展规律，有效地提高读者服务工作的质量和水平。服务创新不是对公共图书馆传统服务方式的全盘否定，而是在新形势下对公共图书馆服务提出的新的更高的要求。

（一）服务理念人本化的要求

现代公共图书馆的服务理念在于以传播和传承人类的知识和文化为己任，继续深化"以人为本"的理念，提供个性化服务，提倡读者至上、服务第一的原则。网络经济的发展要求公共图书馆从根本上转变以"藏书为本"的思想，树立"以人为本"的全新的服务

观念，实现工作重心的转移。将传统公共图书馆借阅书刊的读者概念，转变为在任何地点需要公共图书馆提供文献信息服务的用户的定义；将传统的在馆里等待读者来馆的服务方式转变为面向社会，主动提供有针对性、有选择的信息服务方式；由传统物理意义上的公共图书馆转变为现代化的广泛意义上的社会信息中心。最大限度地满足读者的需求是"以人为本"服务理念的最优体现。

（二）服务内容知识化的要求

随着公共图书馆读者信息需求意识和要求的不断提高，公共图书馆服务的重点也从传统的一般性文献服务向知识服务转变。知识服务不是一般的信息服务，而是带有前导性的一种研究活动，是对信息资源的深层次开发和利用。知识服务的对象往往是决策机构、特殊读者，它以信息的搜寻、组织、分析、重组为基础，提供能够有效支持知识应用和知识创新的服务。因此，知识服务对促进知识的传播、利用和转化具有非常重要的意义。公共图书馆在满足读者一般性信息需求的同时，还要帮助读者从繁杂的信息资源中捕获他们需要的、对解决实际问题有用的信息内容，并将这些信息分析、加工、组合成为相应的知识解决方案，并进一步将这些知识固化在新科研项目、产品设计或管理机制中，以增加信息服务的知识含量。

（三）服务项目特色化的要求

网络化时代对公共图书馆馆藏及服务特色的要求将会更为迫切，也使其规模效益得到更大程度的发挥，当然也为其提供了更好的发展条件。网络环境下的文献资源共享将进一步强调各馆的特色馆藏，各馆为了增加自己的吸引力，确立自己在网络上的地位，就需要开发出自己的特色数据库，还要开发网上的特色信息源，以形成自己的特色馆藏。以此为基础，公共图书馆的读者服务将由一般的常规化服务更多地向特色化服务转变。开展特色化服务，将会更好地满足网络社会读者日益个性化的需求。

（四）服务方式多元化的要求

随着网络化技术在公共图书馆的广泛应用和社会公众日益增长的文化需求，公共图书馆必须改变以往单一的馆藏文献外借和内阅的服务模式，利用现代网络平台提供各种数据库服务、知识库服务以及多种在线和离线信息服务。如信息推送、知识发现、网络呼叫等服务，这些服务方式、方法，具有较强的智能性、实时性、交互性，能够提供个性化服务，这种能够同时提供实体馆藏与虚拟馆藏的模式，极大地丰富了公共图书馆服务的内容，强化了公共图书馆的服务能力，满足了不同读者的需求。

（五）服务手段现代化的要求

在全面实现计算机管理和综合应用文献信息技术的现代化公共图书馆中，读者服务操作方法和技术手段的变化将体现在读者服务领域的各个方面。一是公共图书馆的多种光盘数据库、电子出版物、多媒体文献等自身就具备自动化的信息处理能力，可以进行各类有序化、规范化的检索，还可以实现多元检索目标的灵活组配，使读者找到满意的答案。二是公共图书馆利用现代技术使读者享受到智能化的信息服务。三是公共图书馆通过网络可以开展电子函件（E-mail）、电子文件传递（FTPO）、联机公共目录查询（OPAC）。上述服务的用户界面友好、操作方便、直观易用。另外，更为先进的复制、缩微、视听等手段也是网络化公共图书馆读者服务中经常使用的。

（六）服务对象社会化的要求

网络环境下的公共图书馆，其本质是社会的公共图书馆。公共图书馆将是一种把电子计算机和通信网络联系起来的公共图书馆的集合，每个公共图书馆都是地区、全国乃至全世界信息网络的一个节点，公共图书馆将不再只是为持证读者或本单位、本系统的读者服务，所有的用户都能在任何时间、任何地点利用计算机检索终端和信息高速公路从网上获取各馆提供的所有文献和信息。读者工作的出发点和落脚点也从本校发展到广阔的社会。服务对象的社会化，使公共图书馆从学校这个小圈子、小社会中走出去，融会到大社会中来，使公共图书馆与社会保持同步发展。

（七）服务人员专业化的要求

网络环境对公共图书馆馆员的知识结构提出了新的要求，在信息服务过程中由于知识和技术含量的加大，向智能化方向发展，公共图书馆馆员在工作方式、工作效率等方面将发生质的变化。由于信息媒体的多样化和分散化、网络资源的庞大化和复杂化、信息生产的广泛化和无序化，公共图书馆馆员将充当知识导航员的角色，通过收集、加工、整理网上信息，使无序的信息资源有序化，并辅导读者进行自助式服务。这就要求每个公共图书馆馆员必须加强本专业知识的学习，拥有过硬的基本功，熟练掌握和运用计算机技术，通晓英语甚至几门外语，具备信息获取和研究能力、信息生产和创新能力、公关交际能力和学术科研能力，不断探索、补充、更新知识，达到博学多识、专精博通、触类旁通，以满足读者日益增长的阅读需要。

（八）服务环境人性化的要求

人性化的环境，不仅可以提高读者利用公共图书馆的兴趣和效率，还能超越其物质实体性而成为精神的、人为的审美世界，成为一种可以对读者施以教化的审美的文化环境。公共图书馆优美的环境和极具亲和力的氛围不仅能吸引更多的读者利用公共图书馆，而且能对读者起到潜移默化地美育作用。馆内基础设施要突出人性化特点，为读者提供安静、舒适、稳定、亲切的阅读环境，使读者产生一种美的享受，从而达到心理上的愉悦和满足，取得间接的读书效果。

第二节 读者服务工作对公共图书馆馆员的要求

一、要不断增加服务内容

（一）不断提高公共图书馆网上服务

公共图书馆主页服务是指公共图书馆利用网络环境作为技术条件，将自己的信息产品通过在互联网上建立自己的主页，把自己的服务快速地传递给广大用户的一种服务方式。主页要简洁大方，除了介绍本馆简况、服务项目、馆藏书刊目录、光盘资源、网上资源等基本信息外，还要提供各种资源的使用方法以及网络导航等服务，将国内外上网公共图书馆和热门站点与网页连接起来，并针对本单位的重点专业系统地建立学科导航，帮助用户方便地利用网上丰富的资源。现代通信技术尤其是网络通信技术的应用，使信息传递更加方便快捷。用电子邮件开展远程服务，用户可将信息需求通过电子邮件传给公共图书馆，公共图书馆再将找到的信息通过网络反馈给用户。

（二）不断提高网络信息资源检索服务

公共图书馆要做好网络信息的筛选、组织、整理等工作，尤其要做好网络数据库的导航工作，指导和方便用户利用网络查询文献信息。公共图书馆专业人员应利用自己的专业特长，在网上搜集与本单位学科专业相近或相关的信息，并按分科分类加以整理，建立指引库，以方便用户查找所需信息，并为用户提供文献检索服务，包括网上定题跟踪、课题查新、专项咨询等服务工作。

（三）加强读者教育工作

在网络环境下，信息用户倾向于自我服务，即用户直接上网查找自己想要的信息。而网络信息资源最大的特点是无限、无序，质量参差不齐。在大多数情况下，并不是每一位用户都能知道如何使用网络，或者能很顺利地在网上找到所需信息，因此对用户进行培训成了公共图书馆信息服务的一项重要内容。培训目的主要是提升用户的网络资源检索和辨别的能力、信息获取及处理的能力，帮助用户在浩如烟海的信息中收集、筛选、分析和整合自己所需要的信息。

（四）不断提高公共图书馆馆员的素质，信息服务工作对公共图书馆馆员提出了更高的要求

公共图书馆是文献信息的收集、存储和传播中心。馆员只有通过管理、开发、加工和传递信息才能使公共图书馆的文献信息资源在不断被使用中增值。因此，要不断培养自身

的信息素养，提升对信息进行深度加工的能力；要不断培养敏锐地捕捉信息的能力，学会用信息眼光，从信息角度去思考问题和开展工作。对信息价值要具有一定的洞察、判断和运用能力，并能运用现代信息技术为广大读者提供高效优质的服务。由于现代信息技术在公共图书馆的广泛应用，公共图书馆馆员要努力学会运用电子计算机技术，使工作自动化；运用光学技术，使文献信息缩微化、光盘化；运用电脑多媒体技术，使图、文、声、像信息一体化；运用现代通信技术，使参考服务网络化及信息传递高速化。

二、现代公共图书馆馆员的培训

现代公共图书馆馆员的培训，从狭义上讲，是指给新员工和现有员工传授其完成本职工作所必须掌握的基本技能的过程；从广义上讲，它是指公共图书馆为了履行各项社会职能，实现总体目标，全面开发员工的智力，从而对员工开展的基本技能、职业道德、敬业精神等培训的全过程。

（一）基本技能培训

我们正逐步步入信息时代，现代计算机技术、多媒体技术、网络技术等被大量引入公共图书馆，传统公共图书馆正逐渐向电子公共图书馆、信息公共图书馆、复合公共图书馆转变，公共图书馆的工作发生了重大变化。一方面，公共图书馆的传统工作因为有了信息技术的引入而变得更加有效率，如采访工作可以借助网络收集最新的出版信息，编目工作可以通过使用统一的机读目录而节省劳动力，检索工作可以利用计算机而避免手工劳动的烦琐；另一方面，公共图书馆的工作范围日益扩大，如采访工作需要加强对电子书籍、各类型数据库的采购；信息检索范围从传统的纸质文献扩大到了互联网，信息服务的方式也不再局限于信息检索和咨询。这一切都要求公共图书馆对工作人员在数据库的管理能力，网络环境下的信息搜集、处理能力，信息检索工具的生成能力，网络信息的利用能力，以及计算机操作能力等方面加以培训，才能适应新时期公共图书馆工作的需要。

（二）解决问题能力的培训

对于公共图书馆的管理人员来说，解决实际问题的能力的培养可能更为重要。在公共图书馆面临社会上各种信息服务机构挑战的今天，公共图书馆管理人员的素质对公共图书馆的发展将起到更重要的作用。因此，对公共图书馆管理人员加强管理方面的培训，可以帮助他们提升解决实际问题的能力。

（三）人际交往能力的培训

任何人在工作中都难免与人接触。公共图书馆作为一个面向大众服务的机构，更应该注重对内部人员人际交往能力的培养，这样不仅能够减少摩擦，还能促进他们与外界不同部门的联系。

（四）服务态度的培训

随着传统公共图书馆向信息公共图书馆的发展，公共图书馆的一些传统的服务观念也应随之变化，需要向开放观念、用户观念、经济观念、效益观念、资源共享观念转变。尤其是公共图书馆馆员应树立"以人为本""读者至上"的服务理念，多进行服务技能、服务态度的培训，这样才能营造一种宽松、和谐、友好、温馨的馆内环境，才能打造公共图书馆的良好形象，提高自己的服务水平。

第三节　服务创新是经济技术进步的需要

现代公共图书馆所处的是知识经济的时代，信息、知识在促进经济和社会发展方面将发挥越来越重要的作用。科学技术正突飞猛进，迅速改变着这个世界。以知识和信息为基础，竞争与合作并存的全球化市场经济正在形成，人类的未来和国家的繁荣比以往任何时候都更加依赖创造和应用知识的能力和效率。而公共图书馆是聚集知识和信息的宝库，如何充分利用现代技术使其所容纳的各种各样的知识与信息，转化为现实的生产力，是摆在公共图书馆面前的一个重要课题。

一、知识经济的形势要求

（一）知识经济的特征

20 世纪 90 年代，社会发展出现了一个新的趋势，以高科技信息为主导的新型产业的崛起，推动经济领域实现了一场空前的革命，知识不但在这场革命中成为经济的直接推动力，而且谱写了知识经济时代的篇章。

知识经济时代到来前，人类已经历了数千年的农业经济和 200 余年的工业经济发展阶段。近半个世纪以来，计算机、晶体管、集成电路、个人电脑、全球网络、多媒体通信等相继出现并迅速发展。到 20 世纪 80 年代以后，以信息获取、储存、传输、处理、演示技术和装备以及以信息服务为内容的信息产业迅速崛起，成为发展最迅速、规模最宏大的新兴产业。20 世纪 90 年代以来，世界经济发展又呈现出新的变化：经济和社会的发展越来越依赖于知识的创新和创造性应用，世界经济逐渐呈现出知识经济全球化的态势。可以预测，21 世纪知识经济将逐步占据国际经济的主导地位，科学研究系统在知识经济中将起着知识生产、传播和转移的关键作用，而知识和科技的创新及应用将成为知识经济时代生产力发展的决定性因素。新技术的革命，尤其是信息技术的发展，使全球经济的增长方式发生了根本变化。

知识经济是"以知识为基础的经济"的简称。具体地说，就是创新的知识、高新技术

（核心是微电子技术）、计算机（多媒体）、网络（互联网）、新的通信、信息高速公路、全球化的市场和掌握驾驭这一切的"人"结合在一起，以进行组合要素、组合经济的一种新型生产方式。

专家学者对知识经济的认识在其本质上是相同的，即以智力资源的占有和配置，以科学技术为主导的知识的生产、分配和消费为最重要的经济因素。知识经济在资源配置上以智力资源、无形资产为第一要素，对自然资源通过知识和智力进行科学、合理、综合和集约的配置。可以说，知识经济是由最复杂的结构功能所主导的经济形式。知识经济正日益影响和改变着人们的工作和生活并将使社会发生巨大变革。

（二）知识经济对公共图书馆的影响

中国加入 WTO，标志着我国的社会发展将进一步融入全球经济一体化、信息化的知识经济轨道。党和政府提出"科教兴国"战略的实施，也为发展知识经济奠定了基础。中国公共图书馆工程就是在知识的不断创新中应运而生的，它组织与管理知识，推动并参与创新，是知识经济发展的重要产物。特别是 2002 年，在新修订的《普通高等学校公共图书馆规程》中指出：高等学校公共图书馆是学校的文献信息中心，是为教学和科学研究服务的学术性机构，是学校信息化和社会信息化的重要基地。后者是原《规程》中所没有的，显然这是随着知识经济的形成和发展而导致的修订。

在知识经济时代，知识将被作为最重要的资源得到充分地开发、传播与应用，知识的不断创新成为推动时代发展的根本动力。这将对担任知识信息收集、整理和传递任务的公共图书馆提出更高的要求。改革创新，增强自身发展活力，积极、主动地适应经济社会的发展需要已成为公共图书馆发展的必然趋势。

1. 用户需求日益提高

在知识经济时代，公共图书馆用户已不满足一般性的内容提供，而是由文献需求向知识、信息需求演变，公共图书馆的服务内容要打破以原始文献作为第一服务手段的服务，以用户需求为导向进行文献信息的深化，从文献传递的提供式服务向知识、信息资源重组的创新式服务转变。要了解并掌握用户知识、信息需求特点，向用户提供以专题、知识单元为基础的服务，及时对馆藏一次文献进行两三次文献信息开发与利用，将文献信息进行收集整理，形成专题综述、述评、研究报告等深层次的开发，综合形成新的信息资源，提供的信息是该领域最新、具有前沿性的有效知识、信息，以此满足用户日益发展的需要。

2. 市场竞争日趋激烈

在以印刷型文献为主要信息载体的时代，公共图书馆以其丰富的馆藏和较熟练的文献服务技能两大优势，在社会信息服务体系中占据主导地位。但是，在以信息产业为主导的知识经济时代，信息服务日益社会化、网络化、个性化，公共图书馆的主导地位日益削弱，甚至其生存也面临着严峻挑战。虽然改革开放后，公共图书馆也逐步走向社会，面向市场，参与信息服务市场的竞争，但随着社会信息化程度的加深，信息存取和利用更加自由，商业界大量介入以往只能由公共图书馆和信息中心提供的信息服务，越来越多的个人和企业涉足信息服务业，它们以更具特色的服务吸引着广大用户，与图书情报机构激烈地争夺着用户，使得公共图书馆成为信息服务市场中众多竞争者之一。在激烈的信息服务市场中，面对用户不断更新的信息需求，公共图书馆的现有信息服务逐渐失去了其争夺用户、开发市场和持续发展的能力，这就要求公共图书馆对信息服务系统进行重新定位，深入研究用户的真正需求，以用户为中心开展服务，形成新的服务体系。

3. 事业发展日渐迫切

知识经济时代，知识将取代权利和资本，成为最重要的社会经济资源。而作为拥有丰富知识信息资源的公共图书馆，知识经济的发展无疑是给其带来了新的发展动力、新的机遇和新的发展前景，但同时也带来了新的挑战。随着"知识经济"浪潮的掀起，经济建设要求公共图书馆利用知识资源为经济建设服务，把知识形态的科学技术和经营管理技术推广到经济建设中去，转化为经济建设的动力。新时期的公共图书馆事业要想在新的经济环境中保持可持续发展，就必须适应环境的变化，不断地改变和创新，以取得更大的社会效益。同时也从中获得较好的经济效益，以保证公共图书馆事业的不断发展。因此，市场经济条件下信息服务环境的变化迫使公共图书馆必须改革和创新。

同时，作为信息集散地的公共图书馆，也肩负着振兴地方经济的任务，因而，要打破传统的服务模式，努力开拓新的服务方式，要面向社会，寻找市场，拓宽服务范围。以经济建设为导向，依托网络平台，立足于创新，探索新的服务方式，开发信息资源。与社会上的信息企业合作，使自身丰富的文献信息资源与企业高素质的信息人才结合起来，创造出一流的信息产品，提供给社会。同时，把高校的科研成果及时介绍到企业中去，使之尽快转化为生产力，为社会服务。这一切都需要公共图书馆服务创新。

二、信息技术的形势要求

（一）信息技术的现状

信息技术是指在信息的产生、获取、存储、传递、处理、显示和使用等方面能够扩展人的信息器官功能的技术。它是随着人类对外部世界的认识和控制能力的不断提升而逐步由低层次向高层次发展的。现代信息技术包括计算机技术、微电子技术、通信技术、自动化技术、光电子技术、光导技术和人工智能技术等。如果说建立在微电子技术及软件技术基础上的计算机是现代社会的"大脑"，那么由程控交换机、大容量光纤、通信卫星及其他现代化通信设施交织而成的覆盖全球的电信网络就是现代社会的"神经系统"。

当前，信息革命的浪潮正以不可阻挡之势席卷全球，现代信息技术的发展更是日新月异。现代信息技术的发展将对社会经济、政治、文化等一切方面产生重大而深远的影响。

1. 快速地更新换代

自1946年世界上第一台电子数字计算机问世。半个世纪以来，电子计算机已"繁衍"

了五代，即电子管—晶体管—集成电路—大规模集成电路—人工智能计算机。计算机的运算速度有了成千上万倍的提高，个人用的计算机每秒运算几千万次，上亿次的也已出现。比较大型的计算机每秒运算几百亿次，每秒运算上万亿次的计算机一两年就可投放市场。卫星、光纤等通信技术也迅猛发展，现在通信卫星已发展到第六代，一颗卫星有几十个转发器，可同时提供几万路电话线路或转发几十路电视，光纤传输技术已跨入成熟期，许多国家已建起以光纤为骨干的大容量通信长途干线传输网络。世界信息网络技术发展迅速。

2. 大容量的信息存储

信息系统需要对已加工的可利用的信息进行存储，以便适时向用户提供。近一二十年信息存储技术有了巨大进步，以计算机为例，在 20 世纪 70 年代后期，个人用的计算机的存储水平为 1K、4K、16K，而目前市场上 80G 的硬盘已经很普遍。200G 的硬盘也已投入市场，存储量有了数十万倍的增长。在缩微存储方面，出现了缩率达 90 ~ 150 倍的激光全息超缩微平片，在一张标准规格（6×4 英寸）的平片上，可记录 3000~12000 页资料。据报道，目前已有存储量高达 22.5 万页资料的全息缩微平片。英国大百科全书公司的索引卡，原需要 700 米长的书架存放，现只用两个抽屉即可容纳其全部缩微平片。光存储技术也有了长足的发展，除了只读式的光盘、光带、光卡外，还出现了可供用户写入信息的一次写光盘，可反复擦写的光盘及自动换盘的多光盘系统。光盘的存储量大，信息存取速度快，使用寿命长。

3. 自动化的信息加工处理

信息加工处理中业务操作系统化、数据处理自动化、记录事项规格化、文献缩微复制自动化等得到广泛的发展和应用。知识数据库与专家系统的出现，使信息情报咨询与检索工作达到了智能化的程度。作为人工智能应用的专家系统已有一百多种，将日益广泛地运用于医疗诊断、投资分析、贸易管理、科学研究、气象预报、制定财政计划等方面。

4. 数字化的信息传输手段

当信息成为数字化并经由数字网络流通时，大量信息可以被压缩，并以光速进行传输，数字传输的信息品质又比模拟传输的品质要好得多。许多种信息形态能够被结合，被创造，例如多媒体文件。

5. 多媒体技术与信息网络的宽带化、综合化、智能化和个人化是未来信息技术发展的主要趋势

随着未来信息技术向着智能化的方向发展，在超媒体的世界里，"软件代理"可以替我们在网络上漫游，它让使用者能够在各个文件之间有效地穿梭寻找，而不需将文件从头到尾看一遍，不再需要浏览器。它本身就是信息的寻找器，它能够收集任何我们可能想要在网络上取得的信息。

以多媒体技术为代表的信息通信产业，将成为 21 世纪最有希望获得发展的产业之一。随着通信技术与计算机技术的进一步融合，信息网络将朝着宽带化、智能化、综合化和个人化的方向发展，为人类的信息交流提供极大的方便。

二、信息技术对公共图书馆的影响

飞速发展的数字化、网络化信息技术，给公共图书馆传统服务带来了极大的冲击。网络改变了传统的信息交流方式，冲破了地域限制，实现了世界范围内的信息共享。随着数字化和网络化大潮的推进，作为知识殿堂的公共图书馆正面临着一次全方位的技术革新。信息资源的数字化能够扩展公共图书馆的虚拟馆藏，扩大公共图书馆的服务范围，突破传统的信息传递模式，使信息传递变得更加快捷、便利。因此，公共图书馆进行建设，开展多种形式的服务创新，成为 21 世纪公共图书馆迎接网络时代的重要战略。

（一）文献资源数字化

传统公共图书馆的信息资源以文献为主，且多为纸质印刷型文献。随着信息技术的发展，纸质印刷型文献一统信息载体的局面已不复存在。电子信息源的不断出现和增多，涌现出诸如 CD—ROM 出版物、数据库、联机检索信息源、互联网信息源等新型的信息资源，并可以通过计算机终端、网络通信对其进行高速、准确的浏览和检索利用。信息的形式也日渐丰富，不仅有纯文字型信息，还有图像视频型、数字型、软件型等多种信息类型。这些新型的信息资源不仅数量巨大、类型繁多，而且取用方便，它将极大地丰富公共图书馆的服务内容，成为未来公共图书馆信息资源的主体。

（二）传播载体多样化

传统的信息存储载体一直是以纸张为信息传播的主要载体和媒介。随着多媒体、超媒体计算机技术以及光纤技术的日益成熟，知识的载体已不再是纸张这一单一形式，磁、光介质已被大量应用，光盘等电子出版物激增。除文字载体外，还有语音载体、电磁波载体、缩微载体、声像载体、网络载体，且均可通过现代技术存储或传播。传播载体已由单一的印刷型向多类型、多载体方向发展，人们不必过问所需信息是存储在何种载体上，网络资源的社会性和共享性已初现端倪。

（三）服务手段现代化

传统公共图书馆的服务手段多以手工操作为主，不仅服务速度慢，效率低，且服务内容受限。读者通常需亲自登门造访，时空制约比较明显，服务质量多受馆员个体的学识和经验的约束，效果不很理想。现代信息技术和网络通信的发展使公共图书馆的服务手段发生了变革，计算机检索、联机数据库检索、网络信息检索等新型文检手段不仅扩大了检索的范围，同时大大提高了检索效率。网上预约、网上借还图书、网上催还图书等流通新业务的开展使读者不必亲自来馆。

（四）服务方式多元化

传统的公共图书馆服务方式比较单一，基本上以被动的馆藏书刊借阅和一对一式的面询为主，服务效果难尽如人意。现代信息技术和网络的发展首先使公共图书馆的服务空间拓宽了，服务方式也日渐丰富多样，在线参考咨询，如 E-mail 服务、BBS 讨论组、FAQ 实时解答服务等，具有实时性、交互性、能动性、个性化和人工智能化的特点，能提高咨询效果，更大程度地满足读者需求。在国外，有些公共图书馆还在尝试一种"即时视像咨询服务"，即咨询馆员和远程用户借助视像会议软件、摄影头、话筒等设备，实现实时视像的面对面交流。

（五）服务对象社会化

传统公共图书馆的服务对象明确且相对稳定，多局限于本校师生。网络环境下的公共图书馆事实上已成为整个网络体系的一个节点和组成部分，由于信息存取的开放性和自由，凡是与网络连接的用户，都可以不分国家、地域、单位和时间，调阅网上公共图书馆的信息，网上用户同时成为公共图书馆的读者。读者面之广、数量之多，远远超过传统公共图书馆。

当前信息技术的迅速发展不仅使数字化文献资源和网络化信息服务逐渐成为公共图书馆服务的主流，而且以 e-science，e-learning，e-business 和 e-government 为代表的信息环境正带来新的用户需求、用户行为和用户信息应用机制。同时，以 OpenAccess 为代表的新型学术信息交流模式、以 GoogleScholar/Print 为代表的新型信息服务机制，以及以 InstituteRepositories 为代表的机构知识交流与保存平台，都为公共图书馆服务的发展带来了空前的挑战和前所未有的机遇。面对这种信息环境持续不断的变化，公共图书馆如何充分利用新环境所创造的机遇，如何挖掘服务定位，如何集成利用各方面资源，如何开辟或拓展服务功能和形式，如何建立可持续和有竞争力的服务模式，已成为公共图书馆领域的领导者共同关心的问题。从而，也使公共图书馆服务创新成为一个必须认真探索、研究的课题。

第四节　公共图书馆文献流通服务

文献流通服务质量的高低不仅关系到馆藏文献资源的开发和利用，而且直接关系到公共图书馆在读者心目中的形象。馆员要利用自己的热情、耐心、细致，为读者服务，做到"书有其人、人有其书、为人找书、为书找人"，节省读者时间。同时，做好导读工作，了解读者的阅读倾向，及时向读者推荐他们喜闻乐见的图书。这样就增进了流通部工作人员与读者的相互沟通和了解，从而使流通部工作人员与读者之间建立起一种相互理解、相互信任、相互谅解的桥梁，真正做到让读者"高兴而来，满意而归"。

一、公共图书馆的外借阅览服务

外借和阅览是公共图书馆服务中最基本、最传统的服务。有人认为，现代公共图书馆的服务重点是信息咨询和对信息的深层次开发，外借和阅览不是公共图书馆的主要服务项目。但实际上，社会上的大多数公众正是通过这种方式利用公共图书馆的，公共图书馆也正是通过这种方式对公众的信息需求提供支持的。在传统公共图书馆中，一本新书从进馆到上架，要经过查重、分类、编目、上架等多道工序，耽误了大量时间，新书与读者见面已经是好几个月之后的事，大大降低了知识信息的时效性。而在现代公共图书馆中，采编合一，有关图书的到馆、查重、分类、编目等各种信息可以通过馆内的管理信息系统快速传递和查询，让新书快速上架，与读者见面，能够节省大量时间。

现代公共图书馆必须通过利用各种技术手段、现代管理制度，向读者开放全部馆藏，实行全开架管理。公共图书馆中的书是为了用的，而不是为了藏的，这一观点早在阮冈纳赞的"公共图书馆学五原则"中就已提出。可是，还是有很多公共图书馆，为了保存及工作方便，对读者利用公共图书馆进行了种种限制。

印度公共图书馆学家阮冈纳赞发表了著名的《公共图书馆学五原则》，这五项原则从表面上看很通俗，但实际上很深刻，它从根本上阐明了公共图书馆应该为之努力的目标。公共图书馆学五原则分别是：书是为了用的、每个读者有其书、每本书有其读者、节省读者的时间、公共图书馆是一个生长着的有机体。这五原则直到现在对公共图书馆的工作仍有着广泛的指导意义。

外借服务是公共图书馆传统的、常用的服务方式，它满足读者将书借出馆外自由阅读、独自使用的需要。

（一）外借服务类型

一是个人外借。二是集体外借，为群体读者服务。三是馆际互借，是为了满足读者阅读需要，帮助读者从其他公共图书馆借阅文献的一种方法。四是预约借书，对某些一时供不应求的图书，采取预约登记办法外借。五是邮寄借书，通过邮政通信手段，将读者所需文献邮寄给读者。六是馆外流通借书，通过馆外流通站、流动服务书车等手段为读者开展借阅活动。这些办法，各有所长，可根据具体情况，选择使用。

（二）外借服务方式

一是闭架外借。读者先写索书条，通过工作人员提取，并办理外借手续，读者不能进入书库随意挑选。二是开架外借，读者进入书库，自行挑选，办理手续后，即可将书携出馆外，自由阅读。三是半开架外借，将部分图书放置在特定的位置，读者可以看到书的封面，供读者指出、选择。

（三）外借服务管理

一是外借处的设置。对于馆藏文献数量、类型不多，读者也不多的公共图书馆，可以仅设立综合外借处。但是，如果是大型公共图书馆，既可以设立综合外借处，也可以分别设立专门的外借处。二是建立一套完善的外借服务工作制度。规定有关读者登记、外借证的发放原则和方法，制定外借手续和步骤、外借书刊期限，污损、丢失书刊赔偿办法等有关规章制度。三是借书证的办理，包括个人借书证、集体借书证、馆际互借证。其中馆际互借是一个地区或几个地区、一个系统或几个系统开展的馆与馆之间互通有无的图书互借方式。这种办法既方便了读者，又充分发挥了馆藏的作用。

（四）阅览服务方式

1. 闭架阅览方式：读者所需文献由工作人员代取，不能携带至室外；

2. 开架阅览方式：读者自由挑选图书；

3. 半开架阅览方式：公共图书馆利用陈列展览的方式，将部分流通量大或比较珍贵的文献放置在特制的可视书架上，读者指出所需图书，由工作人员提取。这种方式既方便读者，也有利于对书刊资料的管理。

二、视听服务

视听服务是公共图书馆利用视听文献和相关技术为读者提供文献流通服务的方式。视听文献，系指以磁性、光学材料为存储介质，通过专用设备视听其内容的录像带、激光视盘、电影和幻灯片等。无论是国内还是国外，许多公共图书馆都把视听文献列为收藏对象，并开展各种形式的视听服务活动。视听文献主要有唱片、幻灯片、录音带、录像带、影碟、磁盘、激光视盘、激光唱盘及缩微胶卷等。它们容量大、成本低、占地小，便于存储，易于检索，集文、声、图、像于一体，形象生动，受到读者喜爱。

三、复制服务

复制服务是以复制文献为手段，为读者提供服务的一种新的技术性服务方法。它是传统的"外借服务""阅览服务"的延伸和发展，也是公共图书馆为读者获取文献所提供的一条新的服务途径。

复制服务包括缩微复制法、静电复印法、电脑复制法（电脑拷贝法）。通过复制服务，读者花少许经费，就可将这些文献"据为己有"，大大方便了读者，节省了时间，是一种有效的服务手段。随着现代科学技术的发展，复制方法愈来愈多。

四、现代公共图书馆文献信息服务的自动化

现代公共图书馆信息技术应用的最终目的是为读者服务，主要体现在"服务"上。因此，当公共图书馆基础业务的自动化实现之后，要及时地、不失时机地尽快转入面向读者的文献信息服务的自动化。

文献信息服务自动化工作主要体现在以下四个方面：

（一）建立联机公共查询目录

OPAC 原意是指"开放的公共查询目录"，全称是 OpenPublicAccessCatalogue，随着技术的发展而演变为"联机公共查询目录"。

根据图书的特性，在网上查找书目也有着不同的方式。其中最普及的查找方式有：书名检索、作者检索、ISBN 检索、年份检索、出版社检索。还有一些不常用，但十分重要的检索方法，如分类法检索、导出词检索、丛书检索、套书检索等，都可以在 OPAC 数据库里进行。

OPAC 的正确使用：如果读者在查找单书的同时能够给出相对较多的检索项目，那么出现的检索项就少，找到所需书的概率也就更大。如果读者要查找一大类的书，比如有读者想了解中国的历史。这就要在 OPAC 的自由查找栏中键入"中国"和"历史"，这样所需的书目才能以最小的范围量出现。如果读者只在一栏中键入"中国历史"，那么有关"中国"和"历史"的项目都会出现，比如，中国经济、中国文化、美国历史等和读者期待不相关的内容也会出现。还有一种简便的检索方法：分类法检索。读者可以通过所在公共图书馆的分类法直接找到"中国历史"这一项，再用相应的公共图书馆书籍编号去查阅具体的书籍。

（二）开展联合目录数据库服务

联合目录通常由若干文献收藏单位合作编制。事先须制定统一的著录项目和标准，明确收录范围。一般以一个或若干个收藏丰富的公共图书馆馆藏为基础，负责提供目录草稿，其他有关公共图书馆对此进行核对和补充，注明收藏单位，最后由编辑部汇总。采用计算机技术编制联合目录较为方便迅速，若干个公共图书馆共同建立联机联合目录数据库，除供联机检索外还可生产书本式和机读式的联合目录。

联合目录所涉及公共图书馆的范围有多大，资源共享的范围就有多大。

（三）馆际互借

对于本馆没有的文献，在本馆读者需要时，根据馆际互借制度、协议、办法和收费标准，向外馆借入；反之，在外馆向本馆提出馆际互借请求时，亦应借出本馆所拥有的文献，以满足外馆的文献需求。

馆际互借是各公共图书馆之间本着互助互惠原则，互通有无，互借对方文献，共同利用，彼此分享，以提升读者从整个公共图书馆系统获取文献的能力，同时也使各公共图书馆藏书得以充分利用，提高公共图书馆的效益。馆际互借是国外公共图书馆资源共享的主要方式。

（四）开展信息查询服务和开展参考咨询工作

其中包括设立多媒体导读系统，开展读者流通信息查询和公众信息查询等。公共图书馆参考咨询服务工作被国内外专家称为公共图书馆的"灵魂"与"心脏"，说明参考咨询服务在公共图书馆中的重要地位和作用。公共图书馆的参考咨询工作集中体现了现代公共图书馆的职能和特色，也是公共图书馆更新发展的关键因素。面向读者开展多种形式的参考咨询服务是公共图书馆文献信息服务的重要方式，如新书通报、定题情报服务、专题信息的回溯检索等。

第五节　公共图书馆的参考咨询服务

一、MOOC 环境下公共图书馆参考咨询服务

MOOC 是 MassiveOpenOnlineCourse 的英文缩写，是指"大规模在线开放课程"，是一种在线学习的新模式，其特点主要有：参与课程的人数没有限制，动辄十几万人；只要连接互联网，任何人都可以免费学习在线课程；采用模块化的课程设置，教学内容以微视频（一般在 10 分钟左右）的方式展示，学习者有更多的学习自主性和灵活性，适合碎片化学习；实现了教学活动的全程参与，基本上形成了注册、听课、课堂测试、完成作业、讨论、考试、结业、发放证书的学习流程。MOOC 自 2012 年在美国顶级名校掀起浪潮，随后席卷全球，成为网络时代人们获取信息和学习知识的一个新途径，也是优质教育资源共享的一种新方式。公共图书馆的主要职责之一就是为教师的教学和学生的学习提供更好的信息和技术服务，理应积极参与到对 MOOC 的支持服务中，MOOC 环境下如何做好公共图书馆的参考咨询服务应该引起关注与思考。

（一）MOOC 环境下公共图书馆参考咨询服务的特点

1. 服务广度——泛在性

MOOC 环境下，用户通过在线观看教学视频、查阅资料的方式进行自主学习，他们希望在任何时间和地点都可以用便携式设备获取所需要的信息资源。这就要求公共图书馆树立"有需求就有服务"的理念，增强参考咨询服务的主动性，将其融入用户活动中，提供更加泛在性的服务，使用户能够随时随地利用公共图书馆给予的服务。

2. 服务方式——多元化

MOOC 环境下，用户通过网络远程访问公共图书馆的频率增加，可以实时获得帮助的自助式咨询服务需求更为迫切。伴随着智能手机、平板电脑等新兴电子产品的普及和用户对一些新媒体的喜好，微博咨询、微信咨询、QQ 咨询、移动参考咨询等也应运而生。开展基于 MOOC 平台的视频咨询也会受到用户的欢迎，因为视频演示会更加直观，便于理解。MOOC 环境下，用户地理上的分散性和人数规模使合作参考咨询成为必要。为了让用户更加便利和高效地获取服务，可成立参考咨询团队或由多个公共图书馆构建参考咨

询联盟，协同为用户提供服务，这样不仅能够满足用户全方位、多学科的信息需求，同时还能够延长服务时间。

3. 服务层次——学科化

公共图书馆参考咨询服务的目标是为教学科研、学科建设服务，既要满足广大师生的一般需求，又要满足一些个性化的深层次需求。学科服务是深化参考咨询服务的一项重要举措，而 MOOC 则为参考咨询服务嵌入课堂、深入学科提供了新的平台。MOOC 环境下，用户需要的可能不仅仅是文献线索，而是能够直接解答用户问题的知识单元或方案。

4. 服务内容——新内涵

MOOC 环境下，参考咨询工作又增添了新内容，参考咨询馆员要熟悉 MOOC 及其相关内容并开展有意义的参考咨询活动。MOOC 是一个面向全世界用户的开放平台。国家科学公共图书馆馆长张晓林曾说："面对开放获取，研究型公共图书馆应当主动介入、积极引导、创造未来，积极探索开放信息资源的新服务新能力。"一方面，公共图书馆可以利用其在资源使用方面的优势为教师在与 MOOC 平台的教学提供素材，也可以提供资源合理使用和知识产权保护方面的意见和建议；另一方面，可以利用其资源组织与推广方面的优势，让更多的用户了解和使用优秀的 MOOC 课程。另外，MOOC 的运行需要一定的技术支撑，主要涉及设备使用指导、设备故障排除、软件使用问题解决等，比如有的公共图书馆为用户提供视频制作及剪辑方面的指导。参考咨询馆员需要不断加强学习，了解新技术、利用新技术，从用户的角度出发，评估技术、推介技术，为用户提供更好的技术支持服务。同时，新技术的使用对参考咨询服务创新也有很大的推动作用。

（二）MOOC 环境下公共图书馆参考咨询服务策略

1. 嵌入 MOOC 课程服务师生

公共图书馆应积极参与学校 MOOC 课程的建设，可以以助教的身份跟踪课程，提供嵌入式服务，一方面可以为教师提供教学资料，同时帮助教师在利用 MOOC 平台进行教学时注意版权保护，合理使用资源，同时还可以提供 MOOC 教学相关的软件工具支持；另一方面可以在讨论区发出自己的声音，帮助学生获取相关学习资料，也可以通过对教学过程的互动来分析用户需求，有针对性地主动推送资源。公共图书馆还可以利用其在数字资源保存方面的经验，提供 MOOC 课程资源的长期保存及检索服务，并将其作为学习资源供广大师生重复使用。

2. 为用户使用 MOOC 提供帮助

MOOC 作为一种新型的开放网络学习资源，公共图书馆应该予以足够的重视，让更多的师生了解和利用 MOOC。公共图书馆可以定期收集整理不同平台上的国内外优秀MOOC 课程，按学科分类，将开课时间、课程名称、开课学校、授课教师等信息推荐给用户，方便用户查询。一些公共图书馆已经开展这方面的工作，如中国科学技术大学公共图书馆在"查找文献"栏目下设置了"查找网络公开课"，整理了国内外网络公开课平台列表。公共图书馆还可以参考一些 MOOC 导航平台的做法，比如爱课程网的"中国大学 MOOC"（http：//www.icourses.cn/imooc/）、果壳网的"MOOC 学院"（http：//mooc.guokr.com/）、网易云课堂（http：//study.163.com/）等，提供 MOOC 课程的索引、评价、推荐等功能。此外，有条件的公共图书馆可以考虑免费向用户提供学习终端设备的使用，方便用户学习 MOOC 课程。图书馆在 MOOC 时代下，虽然随时随地都可以学习，但公共图书馆有充足的服务空间。作为 MOOC 学习空间的提供者更容易营造学习氛围，并提供现场交流、讨论等"增值服务"以及与之相关的各种参考咨询服务。

3. 利用 MOOC 开展信息素养教育

MOOC 环境下，信息资源越来越多样化和复杂化，需要用户具备较高的信息素养水平。公共图书馆可以为用户提供信息获取、信息管理等方面的技能培训，既可以现场培训，也可以借助 MOOC 开展在线教学。由于 MOOC 的交互性、开放性、灵活性、互动性，其在信息素养课程教学中具有不可替代的优势。随着国内外大学开设 MOOC 热潮的到来，开设大学生信息素养系列 MOOC 不仅必要，而且已经是大势所趋。国内信息素养教育方面代表性的 MOOC 有：武汉大学黄如花开设的《信息检索》、中国科学技术大学罗昭锋开设的《文献管理与信息分析》、清华大学林佳开设的《信息素养——学术研究的必修课（通识版）》等。MOOC 强调的是用若干个"微视频"分别展示课程内容中的知识点，单个课程视频时长短，便于分解难点和集中学生的注意力，也便于学生自由安排学习时间，提高学习效果。MOOC 环境下，很多问题的解决用户更倾向于自己通过网络寻找答案，公共图书馆要建立和维护"常见问题答复"数据库，便于用户直接查询。公共图书馆可有针对性地将信息素养教育小视频嵌入到其他学科的 MOOC 课程中，方便特定用户学习；也可开发与一些课程及学科相关的学科信息素养教育小视频，提高相关学习者的学科信息素养；还可以借助一些名校名师的 MOOC 课程开展信息素养教育，尝试翻转课堂教学，让教师能有更多的时间与学生讨论，引导学生积极思考、主动学习。

4. 提高参考咨询馆员的素质

参考咨询馆员不仅应有强烈的信息意识和较高的信息处理能力，还应具备较高的综合素质，善于与用户交流，熟悉公共图书馆的资源情况，熟练掌握各种参考信息源，特别是网上参考信息源的使用方法，具备良好的网络技术和计算机操作能力。MOOC 的出现给参考咨询馆员提出了更多的要求，如为特定学科提供深层次、个性化的咨询服务。学科馆员具有一定的学科基础，是 MOOC 环境下实施参考咨询服务的主力军。公共图书馆应鼓励参考咨询馆员特别是学科馆员不断探索学习，提高对可用信息资源的整体把握能力。参考咨询馆员也可将 MOOC 作为继续教育的重要手段，选修相关 MOOC 课程，并在学习中融入课堂，了解服务对象的需求，这样工作起来会更加得心应手。

5. 优化参考信息源

参考信息源是从事参考咨询服务的基础和保障，卓有成效的参考咨询服务必须依赖高质量的信息源。MOOC 环境下的参考信息源突破了传统的"馆藏"概念，向包括网络信息资源在内的全球性数字化信息资源发展，并呈现多样化的态势，除了传统文献类型外，电子版、视听版、网络版文献等都成为解答咨询的重要信息源。参考咨询馆员要熟悉和掌握参考信息源的使用，同时要协助公共图书馆参考信息源的建设。公共图书馆要了解学校的学科建设动向，围绕学校的教学科研工作进行学科资源建设，注重提高馆藏资源质量，突出学校学科特色，同时加强馆际合作，促进馆际优势自补。公共图书馆应积极参与学校的自主 MOOC 平台开发，实现资源与平台的顺利衔接，倡导有偿资源的合理使用和开放获取资源的有效开发，做好资源保障和服务工作。值得一提的是，开放获取资源因其免费开放的特点更适合作为教学辅助资料放置于 MOOC 系统中。

6. 开展移动参考咨询服务

MOOC 环境下，用户对公共图书馆参考咨询服务的泛在化需求变得更加强烈，而移动互联网技术的发展也为此提供了更为广阔的适用环境和技术支持。随着手机等阅读介质的兴起，阅读外延明显扩大，手机成为第一阅读途径。移动参考咨询服务是为满足用户通过使用手机、平板电脑等移动终端随时随地都能享受到公共图书馆参考咨询服务的需求而推出的一种新型参考咨询服务。有条件的公共图书馆可结合本馆的手机公共图书馆开展移动参考咨询服务，也可利用手机即时通信工具如微信、QQ、微博、公众号等进行咨询。

MOOC 是一种新兴的教育模式，仍在发展之中。公共图书馆作为一个为教学科研提供教学辅助和信息保障的机构，必须密切关注并主动参与，在 MOOC 环境下发挥自己的服务与教育职能，以提升公共图书馆的存在价值，延伸公共图书馆的服务范畴，其参考咨询服务工作也应审视新的变化和应对新的需求，帮助用户解决信息资源利用过程中的各种问题。

二、基于智库理念的公共图书馆参考咨询服务

从智库本身性质出发，其主要是通过对于政治、文化、经济等方面的内容研究，提供具有参考价值的咨询信息或决策依据，由各个学科领域的专业人士构成，其中包括了高等院校、企业以及各级政府组织等。而公共图书馆是知识传播、整合文献资源以及拥有丰富的文献储备和大量参考咨询信息的数据库，同时也是可以利用科学专家资源为不同的用户提供多样化的服务的一种服务平台。随着数字技术应用领域的不断发展，人们对于信息资源的应用也不断地增大，所以对于公共图书馆更应通过加强自身的服务模式，与多科专家合作，来不断拓展图书馆的服务领域。

（一）智库理念的性质与服务方式

首先智库简单点说就是指那些不以营利为目的研究型机构，其主要的研究为公共政策，为政府决策提供有力的建议和依据。另外对于智库的理解可以从服务、知识认定以及机构性质等方面进行分析，总结起来可以看作在信息多元化发展下形成的可以提供信息咨询与决策参考的主要功能。

另外对于智库的服务方式来说主要包括了资料的收集整理、信息统计分析、订制推送服务等。资料的搜集整理顾名思义便是对于一些信息自己进行搜索、整理，并同时进行归类分析，然后获得有价值的历史资料。通过搜集各方面的资料，智库的研究者可以发现深层次的信息，并为开展专项研究提供参考。同时很多智库根据搜集的数据资料构建了具有特色的专题数据库，并确立了研究目标与范围，这也为其提供高端服务创造了条件。

信息统计分析，是通过对于信息来源的分析，包括了需要对获取信息资料进行统计分析。一般系统分析法和德尔菲法较为常用，主要是通过智库进行各种文献资料的收集，然后对这些资料进行内在联系与具体处理方法进行分析，这就是系统分析法。德尔菲法是通过与多名专家进行沟通后了解其意见，然后再分析出符合市场发展趋势的结论。

定制推送服务，是为了更好地吸引客户，智库是借助于各种信息技术进行检索，利用不同类型的信息智能地筛选出来符合用户需求的一种服务方式。

（二）公共图书馆咨询服务在智库理念下的构建

随着信息化时代的发展，人们对于信息服务的需求越来越大，虽然公共图书馆拥有着大量的书刊、报纸等信息资料，但是仅可提供一次两次的服务，远远无法满足人们的需要，随着智库理念的进行，公共图书馆的转型发展得到了新的发展机遇，构建智库咨询的个性化服务是未来公共图书馆发展的方向。

1. 首先服务对象的构建

对于公共图书馆来说，没有用户的支持是很难运行下去的，尤其是公共图书馆的智库系统。公共图书馆的构建对象首先是政府机构，目前政府正在推行决策研究与决策研究制定的外包系统，所以智库系统的公共图书馆对于政府机构来说可以搜索任何想要得到的信息，既方便又实用，对于公共图书馆来说政府作为有影响力的机构成为自己的服务对象，很大程度上提升了自己的影响力。其次公共图书馆还可以为企业、公司以及社会的组织团体提供咨询服务，这部分用户对于信息获取的知识面较窄，所以可以利用公共图书馆丰富的信息资源以及人才优势为这些用户提供信息服务。总之对于公共图书馆服务对象来说涉及方方面面，为了更好地提供服务，更好地进行智库系统的运转，除了自身系统的完善，还需要更多用户的支持。

2. 信息资源的构建

为了更好运转公共图书馆智库系统，除了需要服务对象的支持，更需要的是本身信息资源的丰富，除了目前已经公开发表的文献信息外，智库公共图书馆还应具备网络信息资源、灰色文献以及教育资源。其中教育资源和网络信息资源在公共图书馆信息库中需求量较大，对于企业和组织来说，网站上出现了具有自身特色的知识库以及产品库，里面包括了知识产品以及知识解决方案。对于高校来说，教育资源可以搜索到课件资源、教案、题库等，具有很高的参考价值，所以公共图书馆开展智库型服务具有极高的利用价值。

3. 对于智库公共图书馆咨询服务的构建

为了更好地服务用户，智库公共图书馆系统，应该针对不同人员开展不同的文献研究，吸收文献中的精华，尤其是对于高质量的文献，可以组织智库人员根据自己专业的特点进行相关报告的撰写，从而建立具有针对性的、应用性的、预测性的咨询服务。公共图书馆在保证服务质量的同时，对于如何更好进行人文关怀做好知识的推送，客户在进行资料查阅的同时，系统主动推送最新调研结果，可以更好地留住以及吸引客户。此外为了使智库与服务得到反复的利用，可以做好知识库的建立，尤其是在一些高层论坛、讲座等信息的发布后做到信息的收集，同时进行研究成果的整理和储存，使智库公共图书馆咨询服务的建设更加完善，提升社会各界对智库公共图书馆的认同。

三、新信息生态环境下的公共图书馆参考咨询服务

公共图书馆体系与所处社会环境体系相结合构成了公共图书馆生态系统。在这样一个生态系统内，公共图书馆作为一个成长的有机体，其自身结构和功能都在不断进行着自我扬弃和发展；公共图书馆所处环境的变化，特别是信息环境的变化，也极大地影响着公共图书馆的存在方式及其职能的体现。在这样的背景下，公共图书馆参考咨询工作也面临着重要的发展抉择。如何在新的公共图书馆生态体系内，合理利用可调动的文献、人力和财力资源，顺应新信息环境下公共图书馆信息服务的新变化，充分发挥参考咨询工作乃至公共图书馆整体服务效能，已成为一个必须正视并妥善解决的问题。

（一）公共图书馆信息生态环境的变化

信息生态是信息—人—环境之间关系的总和。新生态公共图书馆信息环境的发展和变化情况，在这些要素及其关系的变化中得到了充分的体现。

1. 文献信息资源数字化程度显著提升

美国公共图书馆学家 I.G.Mudge 曾将参考咨询工作的基本要素归结为资源（Material）、精神（Mind）和方法（Method）。这一精辟归纳明确指出了文献信息资源在公共图书馆参考咨询业务中的重要地位。文献信息资源的配置情况、存在方式和揭示程度在很大程度上决定了咨询结果的准确性和完整性。

对公共图书馆而言，文献信息资源的质和量在近几十年的时间里都发生了根本性的变化。1971 年 7 月《美国独立宣言》数字化版本制作完成标志着电子书作为一种全新文献载体形式的出现，以"古腾堡计划"为代表，拉开了图书数字化进程的帷幕，公共领域的纸本书转变为数字形式的电子书，内容形式也不再局限于文本，还包括音频和视频等多媒体形式。此后，出版商、数据商和公共图书馆都先后加入文献信息数字化的潮流当中，并不同程度地推动着这一进程的发展。

尽管数字化文献存在着技术标准不统一、资源垄断性相对较强、缺乏可靠的长期保存方法及虚拟馆藏资源保障稳定性较差等诸多问题，但是已经有越来越多的公共图书馆倾向

于把文献资源建设重点向电子资源倾斜，在缓解自身文献储存和维护等方面压力的同时，为用户提供更为多样和便捷的文献服务形式。

文献资源的数字化极大地改善了信息传播的便捷程度，降低了单位数量文献保存和使用的成本，也延长了相应文献在服务过程中的生命周期。这些变化为用户能够更为便捷地发现和利用文献信息资源提供了极大便利。但是基于同样的原因，用户在文献信息资源的检索过程中，所需信息与大量的冗余信息相互掺杂，信息过载现象又成为人们在当今的信息生态环境中最大的困扰。

2. 媒体与信息素养变化明显

信息素养是一种懂得如何查找、评价和使用信息，有效地解决特定的问题或做出决定的能力。随着社会信息化程度的加深，信息环境的变化迫使人们越来越频繁地应对各种信息处理问题，信息素养也因此成为在现代信息社会中生存和发展的基本要求和能力。这也是社会公众以及为社会公众提供信息咨询服务的参考咨询馆员所共同面对的问题。

早在2003年1月，美国公共图书馆协会下属的参考与用户服务协会（RUSA）就颁布了《参考咨询及用户服务馆员的专业能力》报告，报告对参考咨询及用户服务馆员的专业能力分别从信息获取能力、知识储备能力、推广营销能力、服务协作能力以及资源与服务的评估能力五个维度进行论述，每个维度又细分若干具体细则。这份报告作为对公共图书馆参考咨询馆员专业素养的培养与评估具有重要参考价值的纲领性文件，其对参考咨询及用户服务馆员专业能力的有关信息素养方面的要求成为最为突出的内容。

随着社会信息化程度的加深，人们逐渐认识到，就迅速准确地获取有用信息而言，掌握传递信息的渠道、工具、载体及技术手段的重要性并不亚于所需信息本身。2014年3月，联合国教科文组织发布了《媒体与信息素养：策略与战略指南》报告，首次将媒体素养与信息素养置于同等地位，并提出了媒体与信息素养这样一个全新的复合概念。这份报告的公布，不仅充分表达了联合国从国家与地区层面上推进社会公众全球媒体与信息素养发展的战略意图，报告本身也代表了人们对当今社会信息环境变迁认知和研究的最新成果和共识。

3. 面向社会公众的信息服务环境逐渐多元化

伴随着数字化发展进程，以互联网为代表的新的技术手段和工具的应用，极大地改变了公共图书馆的用户构成和服务方式，使公共信息服务环境发生了深刻的变化。

首先，信息服务去中介化趋势明显。基于历史的原因，公共图书馆成为汇集、保存并传承人类智慧的重要机构，但是随着文献信息载体冲破实体介质的束缚，更多地以数字化方式存在并服务于公众时，有越来越多的机构凭借其数字化文献收藏而成为文献信息服务机构的新成员。文献信息服务机构多元化的趋势造成的一个直接后果就是文献信息服务的去中介化越发明显，越来越多的出版机构和数据库商不满足于通过公共图书馆这样的中间机构向终端用户推广其服务和产品，而转为直接面向最终用户开放服务。多元化的信息服务机构与服务形式固然为用户提供了更多的文献信息获取渠道，但由于其在信息服务过程中去中介化作用明显，对用户借助专业途径深入挖掘文献内容以及公共图书馆充分发挥其文献信息服务职能都在一定程度上构成了挑战。

其次，用户体验得到空前重视。随着 Web2.0 这一概念迅速在全球传播，为用户提供的个性化、交互式服务成为备受推崇的新的软件功能设计要求，在此背景之下，BBS、博客、Wiki、微信等多种交互式服务平台环境得到迅速普及，与此同时，如何在 Web2.0 环境下建构用户关系的新模式也成为一个重要的话题。

以人们通常的阅读行为为例，随着电子书的日益普及，硬件商和出版商已经开始利用数据分析方法，确定人们利用电子书在阅读什么内容以及如何进行阅读，通过分享分析数据，出版商可以做出更有吸引力的电子书，硬件商则可着手调整电子书的展现形式，从而为用户带来更好的阅读体验。由此可见，在新信息生态环境之下，软件设计理念的变化以及技术手段的丰富，使信息服务机构在服务过程中，通过动态把握和分析用户信息行为特征，从而采取更为主动和有效的方法，适时调整和完善用户体验不仅成为现实的可能，也成为服务得以稳定开展的必要条件。

最后，信息服务进入全媒体时代。媒体是承载和传递信息的载体。数字化新媒体反映出信息载体的发展和丰富，富媒体作为一种信息传播方法极大地丰富了信息内容的表现形式，自媒体在信息传播过程中带来了革命性的变化，快媒体使信息传播的时效性得到质的提升，跨媒体体现了媒体之间的合作、共生、互动与协作，全媒体则成为人类现在掌握的信息流手段的最大化的集成者，这也是信息环境变迁的一项显著特征。

全媒体时代对公共图书馆信息服务带来了巨大的改变，有学者将其归纳为文献典藏更多元，公共图书馆服务更多样，文献获取更个性，读者学习更便利，服务管理更高效，服务链更广泛，服务布局更均等等具体特征。这些特点表明，在新信息生态环境下，尽管单一传统媒体的表现形式依然重要并且保有强大的生命力，但其已很难独立地发挥作用，而是在全媒体传播体系中充当了重要的组成部分。对单一传统媒体的整合运用已经成为信息服务的重要方式和手段，信息服务已经进入了多元化时代。

（二）新信息生态环境下公共图书馆服务变化的发展趋势

技术的发展以及由此产生的信息环境的变化，为公共图书馆信息服务的延续和进一步发展提供了充分的拓展空间和更高层次的平台，但对于公共图书馆而言，这种变化首先带来的是对自身既有服务模式的巨大冲击，促使公共图书馆界在信息服务领域发生了深刻变化，这些变化趋势主要体现在以下几个方面。

1.公共图书馆信息服务将突破原有内涵和外延的界定，呈现出以信息服务为核心，以与信息服务相关联的公共图书馆其他业务为辅助的综合性服务特征

早在 2011 年 6 月，大英公共图书馆与 BiblioLabs 公司合作在 iPad 平台上推出"大英公共图书馆 19 世纪历史典籍"APP 应用程序，世界各地读者只需每月支付 2.99 美元即可阅读到大量从内容到形式都近乎以原始形式展现的历史古籍。该项服务推出后，资源内容

和服务规模扩展迅速，并于翌年获得了卓越出版创新奖。

该项目的出现和成功表明，以自媒体及其应用为代表，传统意义上的文献生产、出版和发行等环节，已经从由不同角色分工协作完成而转向三位一体，信息生产者与服务者职责边界的交融，使公共图书馆信息的中介功能受到越来越多的不同类型机构的冲击，原属于公共图书馆传统服务范畴的服务职能势必在一定程度上被替代，公共图书馆在社会信息服务体系中的中介功能需要更丰富的内涵。公共图书馆需要与上游信息生产者和其他信息传播链条中的角色相结合，这不仅可以强化公共图书馆应对生存压力挑战的能力，更有助于公共图书馆在不断变迁的信息环境中寻找新的服务定位。

2. 特色优质文献资源建设仍为公共图书馆基础业务建设的重心

面对各类信息服务机构并存的现状，单一类型服务机构一统天下已无可能，公共图书馆跻身各类信息服务机构并能有所发展的一个重要前提就是自身拥有不可取代的特色资源和服务。根据公共图书馆自身优势和需求，设定重点专题领域进行信息资源内容的深度挖掘和建设是确保公共图书馆资源与服务特色的根本。

近年来，世界各国公共图书馆先后颁布阶段性发展规划，如《美国国会公共图书馆2016—2020 战略规划》《美国公共图书馆 2015—2017 年战略规划》《英国国家公共图书馆馆藏元数据 2015—2018 年发展战略》《澳大利亚国家公共图书馆 2015-2019 合作计划》等文件，均从不同侧面对本公共图书馆馆藏资源阶段性建设内容提出了明确的目标，以期通过这种方式实现差异化发展，培育自身优势和彰显价值所在。

3. 公共图书馆信息服务伴随着我国社会发展需求，将由传统的图情双轨向图情一体化转变

在国家标准《学科分类与代码》中，公共图书馆学与情报学是属于同一学科分类下的两个并列的二级学科，在传统的高等教育体系中，两者分属不同专业方向，有着各自的课程体系，在社会分工中，公共图书馆和情报所也分属不同行政系统，呈现出双轨并行的状态。尽管如此，公共图书馆学和情报学之间有着密切的关联，两者之间在信息检索、信息服务和信息基础理论等方面有着很多交叉，而这些恰好是公共图书馆参考咨询工作的重要组成部分。

传统公共图书馆的信息服务，其服务形态大多为图书借还这类基于文献物理载体的介质转移服务，随着社会信息化程度的提高，公共图书馆信息服务已经从文献提供逐步向内容服务转变，信息服务内容的特定性与专指性已经成为以参考咨询服务为代表的公共图书馆信息服务的典型特征。公共图书馆信息服务中介功能的体现，越来越多地反映在将广泛分布在各类文献中的隐性知识加以显性化的服务过程当中。数据管理支持、统计与分析咨询等也开始成为公共图书馆的常规服务内容。在这样的业务工作环节中，情报学的方法论和工具在公共图书馆信息服务中的应用变得越来越普遍，公共图书馆信息服务也逐步向知识服务方向发展，图情一体化趋势日渐明显。

4.立法与决策服务在今后一个时期内成为公共图书馆开展参考咨询服务的牵引力和重要内容

我国公共文化事业的发展，促进了传承文明、服务社会的价值取向在越来越多的公共图书馆得以体现。与之相对应，随着国家立法与决策科学性和民主化的日益提升，作为服务社会的最高形式——面向国家机关的决策咨询服务的探索与实践，近年来在公共图书馆业界得到了越来越广泛的重视和开展，立法与决策机构对信息服务的需求持续增强，公共图书馆立法与决策服务规模和服务水平也有着长足的进步，政府主管机构对公共图书馆开展该项服务也提出了明确要求和具体考核办法，这势必在今后一个时期内，为公共图书馆参考咨询业务的发展提供新的牵引力和契机。

5.公共图书馆信息服务的发展将会更多地呈现出跨越式或者跳跃式发展的趋势

由于历史和自然条件等方面的原因，我国公共图书馆事业发展不平衡，地区性差异巨大，为促进我国文化事业的建设和发展，自20世纪初开始，我国在加大文化投入、积极推进公共图书馆硬件建设的同时，还先后启动了全国文化信息资源共享工程、电子阅览室工程和数图推广工程等一系列数字文化工程，利用先进的信息技术服务手段，跨越数字鸿沟，努力减少因经济发展不平衡而导致的对公民文化生活的影响。这些数字文化工程项目的实施，有助于帮助经济欠发达地区建立起公共文化服务体系，迅速在网络建设、系统建设、资源建设、人才队伍建设、服务建设和技术标准建设等方面达到一个相对较高的水准，并利用后发优势，结合地区特色，打造公共图书馆特色服务和产品，实现信息服务的跨越式或者跳跃式发展。

6.公共图书馆营销将成为深化和发展公共图书馆信息服务的最有效途径

作为公益性机构，公共图书馆的营销主要是通过公关宣传手段，吸引更多社会公众了解并使用公共图书馆的资源和服务，同时努力争取募集资金和文献资源以充实自身的馆藏和服务能力。作为公共文化服务机构，公共图书馆在公共领域的知名度和被认可的程度，在很大程度上决定着公共图书馆存在的合理性和必要性。早在1876年美国伍斯特公共图书馆馆长塞缪尔·格林提出公共图书馆开展参考工作的理由时，就已经提出应在社区中推广公共图书馆这样的带有公共图书馆营销理念的观点，这也从另一个侧面印证了公知度对信息服务的重要意义。特别是在当前社会信息传播高度发达的情况下，如何能够顺应时代发展而不被淘汰，公共图书馆必须随社会变化而动态把握用户需求变化，调整和完善自身定位，争取更好的资源条件保证自身运转、扩大服务规模并树立良好的社会形象，其中每一个环节都需要公共图书馆借助营销的理念和方法来提升效能。

（三）新信息生态环境下参考咨询工作的应对策略

与信息生态环境变化相伴，新技术、新媒体和新方法不断涌现，丰富了公共图书馆开展参考咨询业务的工作方法、服务工具和技术手段，同时社会公众在获取信息服务和利用文献信息时也拥有了更多的自主性和选择空间。对于公共图书馆而言，在新的信息生态环境下，如何重新认识和把握参考咨询业务的属性和特征，主动适应用户需求的变化，调整和完善服务策略，以应对信息环境变迁所带来的挑战，是一个必须面对和解决的问题。

从公共图书馆参考咨询服务的产生和发展历程中可以看到，这项服务的一个基本属性就是公共图书馆为用户提供的个人帮助，参考咨询业务也大多基于这样的认识进行服务设计。公共图书馆参考咨询服务经历了140余年的发展，业务信息生态环境已经发生了深刻的转变。在参考咨询业务表现形式上，虽然很多服务依然是以公共图书馆为用户提供个人帮助的形态呈现的，但是其业务基础和用户关系都已发生了质的转变。

在业务基础方面，传统参考咨询工作的业务基础主要来自两个方面，即公共图书馆馆员对用户及其需求的把握以及公共图书馆馆员对于参考信息源及其检索方法的了解和掌握。这也是长久以来将参考咨询服务定位于公共图书馆馆员与用户之间建立的"个人关系"的原因所在。信息技术的快速发展和广泛应用，为公共图书馆参考咨询业务更好地在新的信息环境下长足发展提供了有力支撑。数据库技术、公共图书馆技术、网络与无线通信技术、大数据采集及分析、人工智能和云服务等技术的应用和普及，不仅使参考咨询服务获得了强有力的业务基础条件支撑，也改变着这项工作的业务组织形态和服务策略。参考咨询业务已经告别了以参考咨询馆员个人业务能力为依托的时代，而将工作重点转向数据挖掘、关联分析和个性化服务等方面，通过强化对参考咨询馆员的业务支持，实现整体业务能力的拓展和提升。

在与用户关系方面，传统参考咨询中参考咨询馆员充分发挥自身的业务技能，充当了用户与文献间的中介角色，无论是对于参考咨询馆员还是用户，咨询项目大都属于偶发的零散服务，项目之间缺乏有机连接。随着社会信息化程度的提高，在泛在的信息环境内，人们很自然地会产生对泛在的信息服务的要求，即用户在有信息需求时可以在自己所处的地方接收信息资源和服务。从参考咨询服务设计角度来看，这就要求公共图书馆必须建立起新型的用户关系，将自己的服务嵌入用户信息活动的全过程，而不再只是针对用户信息需求的部分阶段提供服务，依据这样服务情形建立起的参考咨询馆员同用户的关系也将不再是中介关系，而是合作与协同关系。

基于上述分析和判断，面对新的信息生态环境，公共图书馆需要特别关注以下几个方面的问题，以完善参考咨询服务策略，建立起更具效能的服务。

1. 注重资源的整合与揭示

对于公共图书馆而言，资源整合与揭示并不是一个新课题，但是在信息生态环境下，公共图书馆资源整合与揭示的着眼点应从文献的最小物理单元转向文献内容本身，即细化文献揭示的颗粒度，注重文献间关联关系的揭示，致力于将隐形信息显性化，从而为用户提供更具针对性的服务内容。

2. 丰富信息服务的内容与层次

用户的信息需求是全方位、多层次的，无论是最简单的文献提供服务，还是基于复杂计算的内容分析，服务的价值和意义并不因用户需求知识含量的不同而有差异。因此，新的信息生态环境下的公共图书馆的参考咨询服务，应在巩固既有服务的基础上，努力拓展信息服务的深度和广度，丰富所能提供服务的内容与层次，建立起相对完整的信息服务链和产品链，在满足用户不同层次的信息服务需求的同时，有助于启发和引导读者更为全面地利用公共图书馆的资源和服务。

3. 强化用户信息行为的数据收集和分析

以用户为核心的服务理念早已为公共图书馆界所普遍接受，但是如何将这一理念在服务中加以体现，在不同公共图书馆之间却存在着巨大的差异。落实用户核心服务理念，使用户获得最好的服务体验，需要公共图书馆有能力精准定位不同类型用户群体与公共图书馆各项服务之间的关联，并结合公共图书馆的环境和条件，制定相应的服务策略，有针对性地提供服务。在这个过程中，收集用户信息行为数据并加以分析是最为基础的工作环节，通过这项工作，可以准确和动态地把握用户需求及其变化，在最大程度上减少公共图书馆服务设计的主观性和盲目性。

4. 积极促进服务协作

开展服务协作，可以帮助公共图书馆在人力资源、馆藏资源和读者服务等领域，最大程度地发挥优势资源的潜能，克服本馆的局限性，分享服务经验、拓展服务能力、提升服务水平，实现资源配置效益的最大化。

5. 完善公共图书馆评估体系

绩效评估与成效评估是评估工作的两种类型。前者关注公共图书馆投入、产出与效率的评估，后者则是关注对公共图书馆服务影响与效果的评估。两者都是公共图书馆服务质量评价不可缺少的重要组成部分，也都分别建立起了较为完善的理论体系与规范化的测评程序或技术标准。历史上，公共图书馆评估多侧重于绩效评估，但是绩效评估并不能帮助公共图书馆准确把握公共图书馆将自身服务诉求施加于服务对象后的用户感受，而成效评估则采取通过客观指标量化用户服务体验主观感受的方式，准确判断公共图书馆的服务效果。对用户及其信息需求的满足是公共图书馆信息服务的出发点与归宿，将绩效评估与成效评估相结合，构成相对完善的公共图书馆服务评估指标体系，对提升用户体验、改进公共图书馆服务建设都具有重要的现实意义。

第六节　知识服务理论及服务内容创新

一、知识服务的内涵

知识经济社会的迅速发展、社会和用户对知识的迫切需求，都促使公共图书馆在知识的组织与管理、资源的提供以及服务形式与方法等方面进行改革。公共图书馆传统的信息服务工作受到了严峻的挑战。知识服务的价值在于为用户提供服务的知识含量。用户利用公共图书馆最关注的是能否从繁杂的知识信息资源中捕获到能解决所面临问题的知识信息。

二、知识服务的宗旨

公共图书馆知识服务工作应以"用户问题的解决"为服务宗旨。但是网络用户千差万别，要满足每个人的知识需求是不可能的。可以采取服务宗旨分层模式，可将目标分为四层：一是为解决问题提供线索；二是为解决问题提供文献保障；三是为解决问题提供可供选择的程序化知识或过程；四是为解决问题提供方案。根据用户问题的解决程度，判断知识服务的效果，亦可分为四层：没有解决，部分解决，接近解决，完全解决。

三、服务内容的创新

（一）开展网上信息服务

面对网上浩瀚的信息资源，读者要想获取所需的信息并非易事。因此，公共图书馆要充分发挥文献信息服务中心的作用，对网上的信息资源进行收集、整理、研究、加工，不断拓展和深化公共图书馆信息服务的功能，努力为读者提供网上信息服务。

（二）开展网络信息导航

随着信息时代的发展，信息环境的变化，读者对于信息的获取更加方便快捷，人们甚至足不出户，只用登录信息公共图书馆的网站，便可查找到自己想要的信息内容。显然，公共图书馆这种信息导航的功能在网络时代得到了强化。信息导航作为公共图书馆的传统优势，也在信息时代继续发挥着自己强大的作用。

公共图书馆可以在自己的网页上建立网络导航系统，把读者常用的数据库地址或相关的资源预先汇集起来，并对网上有用的信息资源进行分类、加工，引导读者正确上网检索。读者在公共图书馆网络导航系统的指引下，能够快速找到所需的关于某一专题的网址或数据的集合等信息，也可以从一个网站直接漫游到导航连接的互联网的各个角落。

（三）开展网络教育

公共图书馆工作者要善于利用网络的优势，积极开展对网络用户的培训与教育工作。通过网络，公共图书馆工作者可以为用户讲授网络的基础知识，介绍网上信息的鉴别和收集、网络导航器及其搜索引擎的使用方法，并指导用户如何查询联机目录、如何检索免费的数据库、如何使用电子邮件等。

第七节 服务创新是教育事业发展的内在反映

服务创新是经济技术进步的外在需要，也是教育事业发展的内在反映，是知识经济的形势要求，是信息技术的形势要求，更是创新教育和高校发展的形势要求。公共图书馆的发展历史表明，只有不断创新，不断变革，才能跟上社会发展的步伐，才能为社会的发展贡献力量。

创新是一个民族进步的灵魂，是一个国家兴旺发达的不竭动力。中国需要发展，需要具有创新能力的人不断创新，而创新人才的培养又需要社会化的创新教育。随着教育投入的不断增加，高等学校的规模不断扩大，高等学校作为跟踪国际学术发展前沿、积极参与国家创新体系建设的教育主阵地，已成为创新型人才培养的基地。公共图书馆作为学校的三大支柱之一，在学校大力开展的创新教育中，以创新教育为契机，以培养创新人才为己任，积极发挥公共图书馆馆藏资源、环境资源和第二课堂的作用，对推进高校创新教育十分重要。

一、创新教育的形势要求

（一）创新教育的内涵

创新教育就是根据创新理论的原理，通过一系列的制度创新、机构创新、思维创新、管理创新、教学内容和方法手段的创新等，以培养具有创新素质的创新人才为价值取向的教育。创新教育的本质是开发人的创新能力。从本质上说，创新教育是一种反映时代精神的教育思想和教育理念，它在理论和实践上都有着明显的特征。

1. 创新教育是高层次的素质教育

素质教育是创新教育的基础。从教育模式的角度来说，创新教育则是高层次的素质教育，是素质教育的最高体现。因为创新教育所培养的素质是创造素质，创造是人类本质的最高体现。以培养人的创造性为根本宗旨的创新教育，既是人类最高层次的教育，也是当前正在全面实行素质教育的一种最高形态的实践模式。

2. 创新教育是面向社会全体的教育

创新教育不是精英教育，而是面向社会每个个体的教育。创新教育的基本理念认为，创新是人的本质特征，人人都有创新潜能，时时都有创新之机。创新教育必须摒弃创新是精英们的"专利"的观念，树立人人是创新主人的意识，根据个体的不同特点因材施教，使其都具有创新精神和创新能力。

3. 创新教育是注重个性的教育

创新教育并不是用一个固定的模式去批量制造创新主体，而是充分注重个性、尊重差异，承认每个人在价值、才能、情感和行为方式上都是极富个性的个体，依据个体的志趣、特长等加以引导，以提高个体的创新能力。创新教育必须尊重个性，承认差异，赋予每个人自由发展的机会和权利，让他们通过选择，在自己擅长的方向上去发展，以自己独特的理念和优势去超越，去突破，去创新。

4. 创新教育是一种主体性教育

教育对人的发展和对社会的发展所起作用的大小，基本取决于它在多大程度上培养出主体性强的人，以主动适应社会发展的要求。创新教育的本质特征是把个体的地位、潜能、利益、发展置于核心地位，发扬人的主体性，其职能就是最大限度地激发人的积极性、主动性和创造性。从这种意义上说，创新教育是一种主体性教育。

5. 创新教育是平等、民主的教育

创新教育在价值观上集中体现了教育的平等性、民主化特点，主张尊重和保护人与人之间存在的必然差异，赋予每个人充分发展其自身、激发其内在潜能的平等机会，要求建立平等、民主、和谐的师生关系，形成一种和谐平等的氛围。这种和谐的氛围可以为学生营造一个充满朝气、宽松自由的空间，使他们在没有思想束缚的环境中勇于探索和创新，大胆质疑，充分表现自己，使他们的潜能得到充分发挥和协调运用，使创造力尽可能得到发展和提高。

6. 创新教育是终身教育

人的创新品质是在长期的学习与训练中逐步形成的，不可能通过阶段性的训练就能形成持久的稳定的创新品质。完整的创新教育是从婴幼儿时期开始的，学前教育、小学教育、中学教育、高等教育、继续教育都要全面体现创新教育的思想，这样才能提高所有人的创新能力，也才能够最终使我们的民族富有创新精神。创新能力需要终身培养，创新动机需要终身激励。从这个意义上说，创新教育既是全民教育，也是终身教育。

（二）公共图书馆在创新教育中的作用

教育是培养人才和增强民族创新能力的基础。教育要不断培养一批合格的有中国特色的社会主义的建设者，不断造就大批具有丰富创新能力的高素质人才，不断提高全民族的思想道德素质和科学文化素质。这些素质的养成要求现行的教育空间要扩大，教育内容要拓宽，要从传统的应试教育、单一的课堂教学模式向课堂教育、公共图书馆教育和社会实践教育三方面相结合的素质教育转变。而公共图书馆教育的表现形式既有有形的，也有无形的；既有物质的，也有精神的，使得公共图书馆在创新教育中具有自身独特的功能与作用。

1. 创新教育的第二课堂

创新教育是一个系统工程，要求在具有充分知识教育的基础上，进行全方位、多层次、系统化的思维训练、观念调适、方法培养和技能实践，在学生智力水平、学习动机、学习

兴趣等各培养目标中重点加强与创新相关的内容，提高他们的创新能力。这就使得无论是教师还是学生，都对作为信息集散地和加工所的公共图书馆的依赖性和期望值都大大提高。

公共图书馆教育的自由性、可选择性，公共图书馆信息资源的系统性、完整性和新颖性以及多媒体技术、网络技术在公共图书馆教育中的应用，都不断彰显着公共图书馆在高等学校创新教育中的重要地位。公共图书馆通过对文献信息的针对性、系统性、连续性、新颖性的不断研究和完善来为创新教育提供文献保障，成为学生构建合理知识结构的最理想的第二课堂。社会的发展和科技的进步，要求对大学生进行信息素质教育，使他们具有敏锐的观察力，能从大量繁杂的信息中发现有价值的信息，并能依靠掌握的信息技术和信息工具，迅速有效地获取、利用这些信息。因此，开辟第二课堂，可以帮助大学生学习掌握网络知识以及现代情报检索技能，提高其利用馆藏资源的能力，也是创新教育的迫切要求。

2. 终身教育的最佳场所

以教育为基础，实现劳动者知识化和学习终身化是知识经济发展的必然趋势，也是新世纪创新教育的重要内容。由于知识老化加速，新专业不断涌现以及职业更替频繁，在人的一生中，只靠在校学习，即一次教育不能满足时代发展的需要，终身教育将成为必然趋势，而公共图书馆为终身教育提供了可能和机会。

知识经济时代的公共图书馆已不再是传统意义上的公共图书馆，它不仅拥有丰富的馆藏，而且拥有经验丰富、高素质的知识信息检索和研究专家，能够辅导和帮助读者学习获取知识信息的方法，使之学会如何在知识信息的汪洋大海中迅速获得自己所需的知识信息；能够解答读者在学习和工作中所遇到的各种疑难问题，使读者接受教育、获取新知识的过程更加顺畅。此外，逐步走向社会化的公共图书馆，将不再按身份来限制读者利用公共图书馆，各种类型的读者都能利用公共图书馆获取自己所需的知识信息，进行必要的即时学习。因此，无论从知识信息的丰富性还是读者获取知识信息、接受教育的方便程度等方面来说，公共图书馆都是实施终身教育的最佳场所。

3. 通才教育的重要基地

通才教育是指建立在拓宽基础知识前提下的专业教育，由此，美国兴起了通才教育运动。其宗旨是：使一个人在职业教育以外得到全面发展，包括他的生活目标的文明化、情感反应的纯净化以及依据时代最优秀的知识理解事物本质的成熟化。一些强调通才教育的国家，其大学教学和科研是通过公共图书馆进行的，因为这种从公共图书馆培养出来的人具有极强的学习主动性、创造性。因此，公共图书馆应在崇尚学习的知识经济环境下，充当读者技能培养的重要教育机构，训练和培养他们获取知识的能力、主动学习的能力、独立研究能力等。事实上，公共图书馆的教育方式具有主动、灵活、多样、可选择等特征，有利于学生独立性、创造性和开拓性的培养，更有助于高等教育的培养目标从专才教育向通才教育转变，使公共图书馆真正扮演通才教育重要基地的角色。

4. 个性发展的培养中心

大学生在公共图书馆查找资料、阅览文献、进行自学或在互联网上浏览的时间会远远超过课堂学习的时间，使公共图书馆成为真正意义上创新教育的第二课堂。如果说课堂是共性教育，那么公共图书馆就是学生个性化教育的重要场所。与课堂学习相比较而言，公共图书馆学习是一种自由开放的形式，它能让学生根据自己的兴趣和特长，有所选择地进行深造和提高，让学生形成稳定的个性特征，挖掘与发展自身的潜能。公共图书馆个性教育功能的实现，显然有利于创新型人才的培养。

（三）公共图书馆服务创新是创新教育的内在要求

公共图书馆的基本职能是教育职能和信息职能，而国家创新体系所包括的教育创新体系和信息服务创新体系，就必然要求公共图书馆服务创新。公共图书馆的创新教育作用和功能不可能通过硬性灌输、制度的约束等外部强制力来完成，而是要加强服务创新，不断提升服务能力和服务质量，通过建设优质、丰富的文献资源，创造良好的文化氛围与和谐的学习环境，采用现代科学技术手段，提供优质、周到的服务，树立不断创新的思想，建设一支高素质的馆员队伍来实现。

1.要求加强信息资源建设与利用，营造创新的文化氛围

面对"全球信息一体化"的21世纪，公共图书馆信息资源建设与利用必须走出一条创新的路子。要加强信息资源的建设，充分利用公共图书馆的文献信息资源，并把这些资源转化为有利于创新教育的有价资源，必须充分利用现代各种新载体、新技术和新手段，活化资源和信息，增加灵活性，增强创新能力，以充分提高馆藏文献信息资源的利用率，提高服务效率和质量，营造一种创新的文化氛围。这是公共图书馆迅速、准确地为学生提供良好服务的基础，有利于更好地开展创新教育。

公共图书馆必须充分发挥自己的信息资源优势，突出公共图书馆科技信息加工和检索的网络化、现代化地位，将资料检索、书籍阅览、信息存取、学术交流等在公共图书馆的结构和功能上形成一个有机的整体，使学生置身在这一开放、多元的信息环境中，能够自然地感受到现代社会和外来文明相交汇的充满想象和创造欲望的灵感冲动。同时要通过举办各种学术报告和演讲、座谈等多种形式的学术交流活动，使公共图书馆成为一个各种学术思想和观点交汇、碰撞的中心，从而为大学生培育创新思想、展示创新才华提供一个丰富多彩的舞台，引导学生进一步去开展相关学术问题的资料检索、学术研究等创新性实践活动，使公共图书馆形成一个激发、引导、催生创新思维和创新灵感的教育环境。

2.要求拓展服务手段与方式，提高创新教育的水平

公共图书馆要发挥在创新教育中的积极作用，就必须不断改进服务手段和方式，提高创新水平。要适应创新教育对知识信息的需求，公共图书馆的信息服务应设法从文献单元深入到信息单元，通过信息挖掘，向读者提供高技术含量的增值信息服务。一是要尽快完成由封闭式的被动服务模式向主动、快速的开放式服务模式的转变。二是积极稳妥地运用智能辅助化技术与服务系统开拓新的服务项目和服务领域，不断加强技术创新和新技术的应用，深化信息服务的深度和广度。三是建立和健全读者的反馈机制，认真听取读者的要

求、建议和批评，热情地解答读者的咨询、质疑，以知识为对象进行加工、整理，使之成为专题的、定向的信息，并提供个性服务即定题服务，同时提供参考咨询和特殊服务。四是积极开展用户教育，引导读者进入网上特定的数据库进行信息检索，充分利用虚拟馆藏信息资源。五是全面开放公共图书馆信息资源和设备条件，如计算机检索、光盘检索和镜像站等，文献检索的途径指引工作由学生自己完成，使学生在这个过程中逐渐培养信息意识和信息能力。

3. 要求培养具有创新精神的公共图书馆馆员，保证创新教育的实现

英国公共图书馆专家哈里森（Harrison）说：“即使是世界上第一流的公共图书馆，如果没有能够充分挖掘馆藏优势、效率和训练有素的工作人员，也难以提供广泛有效的读者服务。”造就培养一批观念新、知识新、结构合理、具有较高创新素质的馆员队伍，是实现公共图书馆创新教育的关键所在。

公共图书馆馆员首先要具有创新意识。公共图书馆馆员只有思想活跃，善于接受新思想、新事物，善于捕捉新的信息源及发现读者新的信息需求，才能提供及时的、创新的信息服务。其次要具有创新精神，勇于开拓进取，勇于探索，不墨守成规，努力提高自己的精神境界与知识水平，以自己的行动带动学生的创新积极性，营造充满活力的创新气氛。最后要具有创新能力，公共图书馆馆员不再是传统服务模式中简单的文献保存者与传递者，他们不仅是服务者，还可发展为信息专家、信息管理者、知识管理专家，在工作中应从宏观角度进行调控，严格控制、协调信息的采集，围绕创新教育组织信息，注重馆藏信息服务和具有个性创造性资源的开发利用，为创新人才积累知识，为自主性学习提供方便之门。

面对知识经济的挑战，公共图书馆只有不断创新，才能跟上时代的步伐，使教育的时间从学校延伸到整个人生，使人们在未来的工作中不断接受新知识，掌握和运用新知识。公共图书馆只有不断创新，才能辅助创新教育实现对求知者的智能教育、通才教育、终身教育和管理教育，使他们能够在知识经济的大潮中学会学习、选择、生存、发展。因此公共图书馆服务创新既是创新教育的必然要求，又是创新教育的延伸。

二、高校发展的形势要求

在轰轰烈烈的合校、扩招、强校的形势下，为了在激烈的竞争中占有一席之地和拓宽自身的发展空间，众多的高等院校都把做大做强作为自己的目标，而在《普通高等学校公共图书馆规程》中要求，高等学校公共图书馆的工作是学校教学和科学研究工作的重要组成部分，高等学校公共图书馆的建设和发展应与学校的建设和发展相适应，其水平是学校总体水平的重要标志。在此背景下，作为高等院校办学三大支柱之一的公共图书馆则必须随之进行变革创新，以适应学校教育教学改革的要求，促进高校的发展。

高校是科学研究的重要基地，与其他科研机构相比，高校的科研水平和科研成果在稳定的基础上不断上升，从市场上获得的科研经费也在不断上升。科技成果转化速度大大加

快，高校科技企业蓬勃发展，科学园地不断增多。在这一系列过程中，公共图书馆起着举足轻重的作用，具体表现为：公共图书馆提供文献信息服务于科研，公共图书馆参与科研过程，公共图书馆独立承担科研项目，同时公共图书馆在科研成果转化过程中起中介作用，等等。但是，总体说来，公共图书馆在这些服务和工作中的作用是不够的，不够积极主动，不够开拓创新，不够深层次高质量，不够及时高效，不够社会化和市场化。为了适应高等学校的发展，开创服务科研工作的新局面，解决这些矛盾，公共图书馆就必须创新。

第六章 公共图书馆阅读推广的基本理论

第一节 公共图书馆阅读推广理论与实践

现如今，人们主要通过阅读来获取外界的信息与知识，同时，阅读也成了人们相互之间的一种特殊的交流方式，国家对此也高度重视。公共图书馆作为阅读的一个重要场所，其最主要的一项工作就是进行阅读推广。我国公共图书馆的阅读推广工作不管是在理论还是实践上，都已经取得了一定的成绩与效果，可是仍然还存在着或多或少的问题与不足。所以，我们必须要对公共图书馆的阅读推广理论与实践进行仔细的分析与探讨，对于存在的问题提出相应的解决措施，这样才能真正提高公共图书馆阅读推广理论与实践的水平。

在我们平时的生活当中，阅读可以使我们的精神生活变得更加丰富，也可以使我们的思维方式得到改善，同时还能够使自身的知识结构得到有效的调整。作为公共图书馆来讲，其丰富的馆藏不但能够为人们提供更多的研究资料，还可以在众多的藏书当中寻找到对待生活的正确态度及做人的基本原则，因此，公共图书馆已经成为提升国家人才的专业技术的一个重要的阵地。可是，近些年全国人民的阅读比例正在呈现下滑趋势，这便使得公共图书馆阅读推广的责任日益明显，所以，对公共图书馆阅读推广理论与实践进行研究的意义就显得非常重要。

一、公共图书馆阅读推广的作用及方法

公共图书馆阅读推广是指公共图书馆经过精心的策划，把读者的注意力从众多的、海量的馆藏逐渐引导到最小范围内，并且引导到最具有吸引力的馆藏上，最终使公共图书馆的馆藏流通量及利用率得到有效提高的一种活动。

（一）公共图书馆阅读推广的作用

1. 确定要素

公共图书馆阅读推广的定义基本上可以分为聚焦和创意两种。聚焦是公共图书馆阅读推广的一项最基本的原理，如果把公共图书馆中所有的馆藏都推荐给读者，就会让读者很难找到重点，这样的效果等于零，所以一定要聚焦到对读者有吸引力的馆藏上面。而作为

有吸引力的馆藏，有些是相对于馆藏本身而言，还有一些则是馆藏本身不具有吸引力，而是通过策划及创意使馆藏具有吸引力。

2. 划定对象

公共图书馆阅读推广的对象一定得是公共图书馆自己的馆藏，对于那些不是自己的馆藏，一般是不能够进行推荐的。馆藏基本包括现有馆藏、未来馆藏、延伸馆藏、门径馆藏四个类别。

3. 理解成功

实际上每一项阅读推广都算是成功的，只是成功有的大，有的小。所以，我们也可以理解为：只要是对提高公共图书馆馆藏利用率和流通率有利的阅读推广，都算是成功的阅读推广。

（二）公共图书馆阅读推广的方法

1. 拉法阅读推广

这算是一种最容易、最普及，也是最基本的阅读推广，其策划的色彩也是最淡的，只需要公共图书馆馆员把公认的好书推荐给读者就可以。例如：把历史较为悠久的"镇馆之宝"放在公共图书馆的玻璃柜中进行展出，就算是一种拉法阅读推广。

2. 推法阅读推广

这种阅读推广只对于那些新文献、睡眠文献、陌生的文献较为合适。与拉法阅读推广相比较而言，推法阅读推广的难度要更高，策划的色彩也更加浓郁，这主要是由于这类文献的吸引力需要公共图书馆馆员自己去发现和创造，而文献本身并不具备。

3. 撞法阅读推广

撞法阅读推广是指通过物理的形式或气质特征来最终选出一批混合型主题的馆藏图书进行推广，这种阅读推广适用于需求较为模糊的文献。撞法阅读推广可以通过借图、借声、借影、借演这四种方式来进行。

二、公共图书馆阅读推广理论存在的问题

（一）缺少实践性

公共图书馆对于阅读推广的内涵缺少深入的研究，尤其是在响应国家提出的阅读推广的号召时，只是对号召当中的阅读推广所涵盖的内容及方式进行了借鉴，而对于实际的情况没有进行更加深入的调查研究。在实际的工作当中，也缺少科学的总体规划，对于不同的人群也没有采取针对性的方式方法进行阅读推广，对于已经开始实施的阅读推广，也缺少对经验教训的总结与反思，没有对接下来的阅读推广活动进行全面的完善，只是在阅读推广的人数和次数上做了很多的工作，没有考虑到阅读推广活动的实际效果。尽管理论界有很多学者都对阅读文化进行了大量的研究，可是其研究的内容也缺少一定的深度，所以，

还需要进行更加深入的实践性研究。

（二）不够科学合理

有些公共图书馆在进行阅读推广的活动过程当中，对于读者的年龄段和读者的研究范围都没有进行详细、准确的调查与研究，在为读者挑选图书种类和图书内容以及在选择阅读推广的方式方法时，他们都采取"以图书管理员为中心"的理念，把图书管理员的主观判断当作选择图书的主要依据。

三、公共图书馆阅读推广存在问题的解决措施

（一）国家需要制定出相应的法律政策进行指导

很多公共图书馆都是由于缺少相应的法律政策进行指导，因此其阅读推广活动都无法达到预期的效果。所以，只有国家制定并出台相关的法律政策进行正确的指导，才能够避免公共图书馆出现由于缺乏正确指导而在阅读推广工作的具体实施过程中，缺少统一方向及措施的情况。

（二）对公共图书馆阅读推广的理论进行更加深入的研究

在对公共图书馆阅读推广理论进行研究的过程中，对开展阅读推广的主要依据及其中所反映出来的教育学原理，都需要进行深入而又细致的分析，对于公共图书馆应要肩负的阅读推广责任更要进行深入研究，必要时，可以通过借鉴国外学者的正确经验及观点，使读者可以自愿并积极融入图书阅读的队伍当中，还能够为公共图书馆馆员提供正确的阅读推广方向，以此来增加公共图书馆阅读推广活动的信心。

（三）不断扩大公共图书馆资金投入的来源范围

公共图书馆要想更好地进行阅读推广活动，就需要国家加大对公共图书馆阅读推广活动资金投入的力度，作为公共图书馆，也要寻找更多资金来源，以此来更好地完成阅读推广活动。例如：可以通过平时进行一些展览活动，以此来获得与出版商及卖书方的合作机会，还能够起到对公共图书馆自身进行宣传的效果。

（四）调查阅读人群并提高公共图书馆馆员的整体素质水平

首先，公共图书馆的阅读推广活动不能只是趋于形式化，不要只考虑人力、物力、财力的支出情况，更多的还是应该进行资源的合理配置，通过对阅读人群进行详细的调查，可以在针对性地进行较少的成本投入的同时，取得最大的经济和社会效益，使公共图书馆阅读推广活动能够满足更多读者的不同要求。其次，公共图书馆要在平时通过各种专业培训以及制定相应的奖惩制度来提高公共图书馆馆员的整体素质水平，这样才能使公共图书馆馆员更加专业、更加热情地对读者进行面对面服务，积极投入到公共图书馆的阅读推广活动当中。

阅读推广是保证我们阅读权益不会受侵害的基础和前提，同时，也是实现全民阅读、优质阅读，最终体现公平、公开、公正的阅读价值观，构建一个和谐社会的重要途径。现如今，世界各国都已经把阅读推广提上了自己国家的日程，所以，我们也要认真分析、研究公共图书馆阅读推广理论与实践的意义，找出存在的不足并制定出有针对性的解决措施，不断提高公共图书馆馆员的整体素质，实现公共图书馆阅读推广的多元化和创新化，只有这样，才能够促进我国全民阅读时代早日到来。

第二节 公共图书馆阅读推广的文化内涵

阅读是人类社会存在的普遍现象，人们通过阅读学习知识、传承文化，公共图书馆则是人类阅读的一个好场所。公共图书馆阅读推广能够促进人们逐渐养成阅读的好习惯，从而提升整个社会的文化素质，进而不断提高我国整体的文化水平。本节首先将分析公共图书馆阅读推广的含义以及特点，其次分析公共图书馆阅读推广的文化内涵，最后提出我国公共图书馆阅读推广的改进措施，期望提升我国公共图书馆阅读推广的水平，从而提升国民的整体素养，进而推动国家经济的发展。

人类需要通过不断学习、阅读来充实自身的文化知识储备，公共图书馆有着丰富的图书资源，是获取知识的场所之一。公共图书馆通过阅读推广可以引导人们养成阅读的好习惯，提升人们的文化修养，进而推动我国整体文化的发展。公共图书馆阅读推广的内因在于文化具备的感悟，公共图书馆通过这种活动能够吸引很多读者进入公共图书馆进行阅读，从而提升了公共图书馆的影响力度，因此，公共图书馆进行阅读推广蕴含着非常丰富且影响力巨大的文化内涵。

一、公共图书馆阅读推广的含义及特点

阅读本身就具有非常丰富的内涵，随着经济的快速发展以及时代的不断进步，阅读的含义也在进一步地扩展、延伸。公共图书馆在阅读推广的过程中也采取了多种推广方法与手段来督促我国公民进行阅读。公共图书馆进行阅读推广的活动，大多是依靠政府部门、公共图书馆协会等组织，从专业化视角进行推广。总地来说，当今我国公共图书馆阅读推广的活动进展得非常顺利，促进了我国公民整体文化素质的提高。

二、公共图书馆阅读推广的文化内涵

（一）公共图书馆阅读推广有助于社会文化的提升

最近几年，我国大部分公共图书馆都进行了很多阅读推广活动，公共图书馆凭借自身

丰富的阅读资源等特性，具有开展推广阅读的责任。随着时代的发展，国家对社会公民的阅读情况越来越重视，公民的学习需求也随着社会的发展而逐渐提高，这些都有助于公共图书馆开展阅读推广活动，提升公民的阅读量，改善公民的阅读习惯，进而满足公民储备知识的需求，在全民阅读的时代下，促进社会文化的觉醒。公共图书馆在进行阅读推广时，积极开展阅读活动，提高了整个民族的文化素质，进而提升了国家文化核心竞争力。

（二）公共图书馆阅读推广有助于培养公民的文化责任

公共图书馆构成了公共文化体制的重要环节，顺应了经济和时代的发展，有助于完善和谐社会文化的根基。在现今构建和谐社会的大背景中，公共图书馆在进行阅读推广时要重视其应当承担的社会文化责任，同时也要明确自身在阅读推广活动中的定位，这也是构建公共图书馆文化责任的前提条件，有助于促进公共图书馆健康可持续发展。

（三）公共图书馆阅读推广有助于提升社会的人文精神

社会人文精神有助于推动社会的发展和进步，同时也可以促进公共图书馆的长期发展。从公共图书馆的发展历程可知，社会人文精神在很大程度上决定了公共图书馆的影响力度和辐射范围，反过来，公共图书馆社会文化责任的履行对社会人文精神也具有很大的影响，因此，公共图书馆阅读推广与整个社会的人文精神是互相影响的。公共图书馆要不断完善文化推广活动，同时要在活动中积极宣扬人文精神、人文情怀，进而提升社会的人文精神。

（四）公共图书馆阅读推广有助于创新发展

每个时代都有自身的阅读机构，这与各个时代的阅读创新有着密不可分的关系，公共图书馆具备一定的文化性质，同时也具备某种创新性质。尽管公共图书馆在现今的发展中普遍存在收费的情况，但也必须注意到这可以给公共图书馆带来一些收入，对维持公共图书馆的正常运营有着不可忽略的作用，然而，这也给公共图书馆造成了很大的不利影响。现今的社会是信息化时代，国家间的综合国力的竞争也越来越体现为创新发展的竞争。公共图书馆开展阅读推广的活动，着重考虑公益性和人文精神，同时也要不断实现全民阅读，这样有助于拓展公民的视野、开阔思维，进而提升我国公民的创新意识。

第三节　公共图书馆阅读推广规范

随着我国经济的发展和人民生活节拍的提高，人们对知识渴望越来越大。阅读是人类认知的重要途径，通过阅读，能有效获取各类知识，增强文化素养，促进自身的全面发展。全民阅读能有效提高中华民族的整体文化素质，并为中华民族的伟大复兴提供文化助力。因此，有必要加强公共图书馆阅读推广，推动全民阅读常态化。公共图书馆在阅读推广活动中具有诸多优势，其公益性特征要求其积极承担阅读推广的责任。公共图书馆要充分利用自身的阅读资源，通过有效的阅读推广，满足全民阅读的需求。然而，当前公共图书馆阅读推广存在诸多困境，严重阻碍了全民阅读的发展进程。

对公共图书馆阅读推广进行规范，有利于实现公共图书馆使命，发挥公共图书馆优势，促进公共图书馆转型。本节将对公共图书馆阅读推广规范的内涵进行解读，指出我国在公共图书馆阅读推广规范方面存在法律制度政策支撑不足、行业操作实施缺乏指导、评估评价体系缺失等问题，对公共图书馆阅读推广进行规范管理，使之朝着制度化、系统化、标准化、科学化方向发展，兼具理论价值与实践指导意义。对国外部分国家公共图书馆阅读推广规范的实践梳理发现，国外尤其重视制度性规范、实施性规范和监督性规范，构建了相对较为完备的公共图书馆阅读推广规范体系。因此，我国有必要尽快开启公共图书馆阅读推广规范研究，从制度性规范、实施性规范、监督性规范和技术性规范着手，构建公共图书馆阅读推广规范体系。

一、公共图书馆阅读推广规范必要性

有利于实现公共图书馆使命。公共图书馆是保障文献信息资源合理分配的制度安排，以保障公民文化权利（包含阅读权利）为基本职能，以为公众提供平等的公共文化服务和终身教育为使命。《公共图书馆宣言》和《信息社会灯塔：关于信息素质和终身学习的亚历山大宣言》等都提及了公共图书馆促进阅读、开展阅读推广的责任。对公共图书馆阅读推广进行规范，有助于公共图书馆阅读推广活动的组织、开展和实施，提升公共图书馆的服务水平，实现公共图书馆保障公众平等获取文献信息权利和终身教育的目标。有利于发挥公共图书馆优势。公共图书馆作为保存、组织、传播文献信息的专门机构，具有成熟的文献信息服务理念、完备的文献信息保存和组织方法、便利的空间场所和设备设施、专业的人才队伍。尤其是具有专业的文献信息采集、整理、组织、挖掘工具和方法，能够准确把握文献信息的基本规律，深入、系统、科学地对文献信息中隐含的知识进行组织和挖掘，间接地影响读者的阅读选择、阅读兴趣、阅读行为和阅读能力。公共图书馆作为阅读推广前锋，其优势是其他组织无法取替的，这也是公共图书馆核心竞争力所在。对公共图书馆阅读推广进行规范，有利于明确公共图书馆在各类阅读推广机构中的主体地位，发挥公共图书馆在文献信息方面的专业性、权威性优势。

二、我国公共图书馆阅读推广规范存在的问题

（一）缺乏专业指导

尽管中国公共图书馆学会已成立阅读推广委员会，而且各省公共图书馆也相继成立了专业的阅读推广委员会，但是一些偏远地区的公共图书馆还是难以获得阅读推广的专业指导。另外，读者阅读有一定的盲目性、局限性及功利性。很多读者对阅读有一定的渴望，

但是由于其阅读水平的局限，到公共图书馆不知道找什么书籍，有的读者看别人借什么自己就看什么，找不到适合自己的书籍。

（二）缺乏完善的阅读推广效果评价机制

每次阅读活动后，没有对阅读活动的效果进行调查研究及效果评估，无法准确地总结活动的成功经验及存在的问题，也无法深层次分析读者的需求，所以需要建立相关的阅读调查机制。

三、公共图书馆阅读推广技术性规范

（一）应用新媒体技术

随着信息技术的应用与读者数字资源的需求的不断增长，公共图书馆阅读推广活动不能仅采用传统的活动宣传手段和服务推广方式，应加大与阅读推广相关的新技术、新载体、新设备的开发与应用力度。公共图书馆在阅读推广的过程中，应注重运用新媒体技术手段，扩大受众范围、丰富形式载体、增强实施效果、深化内容深度。公共图书馆阅读推广的重点是通过深入阅读推广客体的内容，把握文献中知识的运动规律，挖掘其中的信息点和知识点，实现由传统服务向智能服务、资源推荐向知识推荐转变，最大限度地发挥文献信息资源的价值。

（二）制定阅读推广专门法和相关法

应加快构建全民阅读（阅读推广）法律法规保障环境体系，通过立法保障公共图书馆阅读推广的开展与实施。应将《全民阅读促进条例》的法律层级上升为《全民阅读法》，明确和阐释全民阅读的基本原则，强调公共图书馆作为阅读推广重要主体的地位，对具体操作事项做出相应规定，为公共图书馆开展阅读推广活动提供保障和支撑。在《公共图书馆法》中规定公共图书馆开展阅读推广的性质、运行规则、人员队伍和专项经费保障等内容；明确公共图书馆阅读推广与其他组织的合作规则。此外，阅读推广相关法中应加入整体性评估标准和绩效评估等内容，以检验评价实施情况。

（三）完善阅读推广效果评价机制

阅读推广活动应坚持理论指导，并通过实践活动来逐步完善。每次阅读活动以后，问卷调查设计、研究与分析、效果评估是阅读推广活动不可或缺的一个环节。只有通过每次阅读活动的调查与分析，才能总结经验，才能了解读者潜在的需求，进而为下一次的阅读推广活动做指导。

（四）形成公共图书馆阅读推广操作规范

阅读推广工作的流程化与规范化是公共图书馆阅读推广实施性规范的重要内容之一，应对阅读推广进行项目管理或过程管理。公共图书馆开展阅读推广活动要有严谨完善的活动策划、充分的前期准备、及时的宣传报道、有效的实施流程以及长期的活动支持。只有阅读推广业务内容明晰、业务流程规范、业务操作有章可循、有规可依，才能保障公共图书馆阅读推广活动的质量与效果。此外，公共图书馆馆员应负起指导阅读的责任，对读者的阅读进行专业引导。

在当前全民阅读的环境下，公共图书馆阅读推广规范的全面建立势在必行。虽然目前来看，建立完整的公共图书馆阅读推广规范体系尚需较大努力和较长时间，但是一定要掌握好"度"的问题。公共图书馆阅读推广规范既不能变成"一刀切"的强制规定，又不能违背公共图书馆的知识中立立场，与公共图书馆核心价值相违背，应充分运用文献信息学的理论、方法、技术，加强对阅读推广实践的指导，通过规范更好地推动公共图书馆阅读推广健康、良性、长远地发展。

第四节 公共图书馆阅读推广的机制

本节将从完善公共图书馆阅读推广的政府财政投入机制与法规体系、健全公共图书馆阅读推广的长效机制、建立健全公共图书馆阅读推广的监管与评价机制、加强公共图书馆阅读推广环境设施的建设机制四个方面，论述公共图书馆阅读推广机制的建立。

一、完善公共图书馆阅读推广的政府财政投入机制与法规体系

（一）完善公共图书馆阅读推广的政府财政投入机制

无论是公共图书馆还是各级公共图书馆，它们的主要经费都来源于政府的拨款，这是各级各类公共图书馆得以正常运行的重要财力保障。公共图书馆的阅读推广活动需要以政府的财政支持为基础，因为阅读推广活动的开展需要购置阅读推广资源，如阅读屋、阅读推广场地、阅读推广设备等。鉴于上述因素，政府需要对各类公共图书馆拨付足额的资金，以保障公共图书馆能够正常运转，同时不断提升公共图书馆的办馆实力，提高公共图书馆的办馆水平，为其开展阅读推广活动奠定基础。政府有必要为公共图书馆拨付阅读推广专项资金，专门用以公共图书馆开展阅读推广活动，此项资金的拨付是动态的、可持续的，可根据公共图书馆所提供的年度阅读推广报告或针对公共图书馆某一项阅读推广活动进行追加或削减，并严格监督该项基金的使用。

（二）健全公共图书馆阅读推广的法规体系

为规范公共图书馆的阅读推广活动，政府应逐步完善与公共图书馆阅读推广活动相关的法规，使公共图书馆的阅读推广活动有法律的规范和监督。完善相关法律法规既有助于实现和保障公民的阅读权利，也是公共图书馆开展阅读推广活动的法律依据。截至目前，

我国尚未制定与公共图书馆阅读推广相关的全国性法律法规，这是我国法治实践的缺失。尽管我国部分省、市和自治区制定了一些与公共图书馆相关的法规，然而尚未形成完整的体系。另外，现有与公共图书馆阅读推广活动相关的法规也并未得到有效贯彻和落实。因此，我国应加快与公共图书馆阅读推广相关的国家标准与行业标准的制定工作，建立健全公共图书馆阅读推广的法律法规体系。

二、健全公共图书馆阅读推广的长效机制

公共图书馆有必要建立阅读推广的长效机制，对阅读推广活动进行科学规划，使阅读推广活动具有延续性，形成规模效应和品牌效应，吸引读者参与，获得读者的支持，最终在阅读推广服务中促进各类文献信息资源的高效利用，为读者创建良好的阅读平台，并将阅读推广的各构成要素联系起来，使它们协调运行，充分发挥作用。

（一）设立公共图书馆阅读推广部门

公共图书馆的阅读推广工作必须常态化，公共图书馆应设置阅读推广部门并安排专职人员负责阅读推广活动，以保障阅读推广活动能够持续、科学地进行。另外，公共图书馆还可以根据每次阅读推广活动的内容，聘请相关专家参与活动并进行指导，如：在举办心理健康方面的读书交流活动时，公共图书馆可以聘请高校艺术设计专业和心理学专业的教师和学生，对宣传展板的设计及交流活动的内容进行指导和点评。

（二）加强公共图书馆阅读推广专业人才的培养

公共图书馆必须重视阅读推广专业人才的培养，采取灵活多样的措施推动我国公共图书馆阅读推广从业人员专业化。如：中国公共图书馆学会设立的阅读推广专业委员会，指导各公共图书馆培养阅读推广专业人才；有条件的公共图书馆可以开设相关的阅读推广专业课程，或举办各种形式的阅读推广培训活动；公共图书馆应定期或不定期举办各类阅读推广研讨会，为阅读推广人员提供更多的交流机会。公共图书馆还应为阅读推广人员提供更多的学习机会，邀请专家学者为阅读推广人员讲授相关的阅读推广知识，提高他们的综合专业素质等。

（三）加强馆藏资源建设

公共图书馆的馆藏信息资源是其开展阅读推广活动的重要保障，包括纸质文献和电子文献。其中，纸质文献是公共图书馆传统馆藏资源的重要组成部分，包括各类书籍、期刊、报纸、地图、照片、画册、手稿等。纸质文献是公共图书馆最基本、最常见、使用频率相对较高的文献资源，与公共图书馆的数字资源相比，它的使用门槛相对较低。因此，公共图书馆必须进一步加强纸质文献资源的建设。随着网络的普及，电子资源在公共图书馆的馆藏资源中所占比重日益加大，与传统纸质文献相比，电子资源具有使用便捷、占用空间小、容量大、保存时间长等优点，因而日益成为重要的阅读推广媒介。因此，为使公共图

书馆的电子资源更加丰富、利用效率更高，公共图书馆应购买各种形式的电子图书，如缩微胶卷、缩微平片、缩微文献合集、录音带、激光唱片、MP3、LD 视盘、VCD 视盘、VHD 视盘、DVD 视盘等。

（四）建立公共图书馆阅读推广的研究机制

阅读推广工作是一项学术性极强的活动，公共图书馆需要对其进行全面研究，进而发现其规律，并提升对其规律认识的深度与广度。因此，公共图书馆界应建立相应的研究机构，不定期召开阅读推广学术研讨会等，多角度推进公共图书馆阅读推广活动的有效开展。

三、建立健全公共图书馆阅读推广的监管与评价机制

（一）完善公共图书馆阅读推广的监管机制

政府应推动公共图书馆阅读推广监管体系不断趋于完善，使阅读推广活动面向社会，接受社会各方面的监督。公共图书馆也必须对其所开展的阅读推广活动加强监管，增强阅读推广工作的透明度，减少因信息不透明所造成的负面影响，避免由于开展阅读推广活动造成的资源浪费。政府在对公共图书馆的阅读推广活动进行监管时，要加强对其重点领域的监管，尤其是对公共图书馆的阅读推广专项资金的监管，使其做到专款专用。

（二）建立公共图书馆阅读推广的评价机制

建立公共图书馆阅读推广的评价机制包括制定阅读推广的评价标准和全面评价阅读推广的效果。一项阅读推广活动结束时，公共图书馆应参照一定的标准对该活动进行评价，判定活动效果，分析活动的不足和成功之处，及时公布活动结果，接受社会各界的监督。公共图书馆全面、深入地评估每一次阅读推广活动投入的时间、人力、财力、物力、合作单位以及取得的效果和不足等，可以为以后的阅读推广活动提供参考。公共图书馆举办阅读推广活动以提升民众的阅读素养为最终目的，应重视对阅读推广活动效果的评价。公共图书馆对阅读推广效果的评价不仅应长期进行，还应对公共图书馆阅读推广效果的评价加以细化，评价效果的时间包括月评价、季度评价、年度评价，评价效果的范围包括整体评价与部分评价等。

四、加强公共图书馆阅读推广环境设施的建设机制

（一）营造良好的阅读环境

良好的阅读环境有利于读者进行阅读，这就要求公共图书馆在组织阅读推广活动时必须重视营造良好的阅读空间。公共图书馆是阅读推广活动的主要场所，是读者阅读行为发生的地方，优美的公共图书馆馆舍布局有助于培养读者的审美能力，促进读者更深层次的精神交流与沟通。公共图书馆的阅读环境包括外部环境和内部环境，公共图书馆的外部环

境包括公共图书馆建筑及其周边环境。公共图书馆作为一个地区或一所大学的标志性建筑，其建筑外观应具有时代感，富有艺术魅力，充满人文气息，有体现精神家园的功能，这有助于塑造读者的美好心灵以及构造读者美好的精神世界。同时，公共图书馆还应加强周边环境的绿化。绿化可以减少尘埃、降低噪音、清新空气，营造生机勃勃的氛围，使读者流连忘返，沉浸于知识的海洋。公共图书馆是读者阅读的重要场所，也是阅读推广活动的主要场地。公共图书馆应高度重视其内部阅读环境的营造，内部设计应体现人文关怀，如：安装无障碍电梯、扶手或特殊走道以方便残障人士；整齐摆放书籍、期刊、杂志等，并定期对它们进行杀菌消毒，以保障读者的身体健康；在阅览区、研习室、读者休息区等场所配置沙发、投影仪、空气净化器等，为读者营造温馨、舒适、优雅的阅读环境。

（二）完善基层公共图书馆的基础设施建设

目前，我国的基层公共图书馆建设已经取得一定的成绩，全国共有县级以上的公共图书馆 2791 个，藏书 5 亿多册，初步建成了覆盖全国的公共文化服务体系。基层公共图书馆在阅读推广活动中发挥着重要的作用，拥有广大的阅读群体。公共图书馆的服务有一定的辐射范围，平均每一万人应拥有一所公共图书馆。相较于城市公共图书馆，基层公共图书馆的基础设施相对落后，这影响其服务覆盖范围与辐射能力。因此，基层公共图书馆若想提高阅读推广效果，就必须改善基础设施，积极落实《公共图书馆建设用地指标》和《公共图书馆建设标准》的要求，达到国家建设标准。基层公共图书馆在推进阅读推广资源设施建设的过程中，要高度重视网络设施的建设，加强乡、镇、社区公共图书馆(室)及服务网点的网络设施建设，推进流动公共图书馆阅读推广设施建设，与农家书屋联手向农村地区提供基本的公共文化服务，形成比较完备的覆盖乡、镇、社区公共图书馆(室)的阅读推广设施网络建设。另外，基层公共图书馆还应加快推进阅读推广数字化建设，以阅读推广文化共享工程、数字基层公共图书馆阅读推广工程、公共电子阅览室建设计划等项目为抓手，大力推动全民阅读推广工作的开展。

第五节　公共图书馆与阅读推广

公共图书馆是推进全民阅读活动的中坚力量，致力于营造全民阅读的良好社会氛围。加强公共图书馆特别是基层公共图书馆的建设，是打造高素质的阅读推广人才队伍，开展阅读创新活动，传承阅读经典，创造阅读品牌是开展阅读推广的有效手段。

"没有高度的文化自信，没有文化的繁荣兴盛，就没有中华民族的伟大复兴。"在"四个自信"中，文化自信是更基础、更广泛、更深厚的自信，文化自信是最根本的自信。公共图书馆作为保存人类文化遗产、开展社会教育、传播科学情报、开发智力资源、提供文化娱乐的平台，在精神文明建设当中，在丰富和活跃人民群众的文化生活中有着不可推卸的责任和不可或缺的作用。公共图书馆主要通过阅读推广的方式引领全民阅读，满足人民的阅读需求，提升人民的文化生活。

社会的发展、人类的进步离不开知识，而知识的积累离不开大量的阅读。所以就要在全民中倡导多阅读、终身阅读的良好风气，让大家都参与到阅读中来。这样，民众的知识水平就会提高，无形中就会提高国家文化的软实力。鉴于此，就不能不重视公共图书馆在提倡全民阅读中的重要作用，必须明白公共图书馆应该致力于阅读推广活动。

一、公共图书馆在推动全民阅读中的重要作用

公共图书馆是一个专门收集、整理、保存、传播文献并提供利用的科学、文化、教育和科研的机构，它保存了人类文化遗产，是今天人类宝贵文化遗产和精神财富的集中地。公共图书馆作为提高全民文化素质的公益性文化机构，它提供的服务满足了社会大众对文化娱乐的需要，大大丰富和活跃了人民群众的文化生活，在精神文明建设中起到了不可忽视的作用。

在这个以知识为基础的社会里，公共图书馆的公益性、平等性和开放性是其他任何信息机构都无法比拟的，因而决定了公共图书馆在阅读社会创建中的核心地位。公共图书馆不仅是知识教育和提高全民素质的中心，还是保存人类文化的核心，它是全民阅读的基础阵地。公共图书馆在全民阅读中的重要作用同时也提示着它的重要责任。公共图书馆作为精神文明建设的重要阵地，它在向公众推广公共图书馆的作用，培养公众的阅读兴趣，向全民推介阅读，壮大整个民族的阅读群体方面具有不可推卸的责任。

二、对公共图书馆开展阅读推广活动的建议

（一）积极整合阅读推广的各方力量，形成崇尚全民阅读的氛围

文化是一个国家的软实力，一个国家自身的文化会对民族的生存状态和发展产生极为深刻的影响。在国家各种文化的交流、融合和碰撞中，我们要吸收优秀的民族文化，取其精华。我们要让好书来激发民众的阅读热情，从而培养国民的阅读习惯。在美国，阅读推广活动是由政府、公共图书馆和各个民营商业机构等共同完成的，推广宣传大使不单有致力阅读的专家学者，还有影视、体育明星，甚至第一夫人。而参与策划的组织机构有公共图书馆、书商还有电台电视网络等等。公共图书馆作为公益文化机构，应积极主动跟社会各界联手，推动公益阅读，让公共图书馆发挥主力作用，公正地推荐图书，让出版社赞助和捐书，杜绝中小学校的签售活动，让学生参与到公共图书馆的阅读推广活动中来。同时，呼吁各类文化基金会支持公共图书馆的阅读推广活动，公共图书馆以申请项目的方式争取

基金会的赞助。如此，便可以盘活各类资源，正向发挥各类机构的长处。

（二）开展公共图书馆的资源共享，加强基层公共图书馆的建设

相对于省、市级公共图书馆来说，社区、乡村公共图书馆数量比较少，规模比较小，资源短缺，经费不足。在这种情况下，公共图书馆在阅读中的利用价值就大打折扣，也很难满足群众的阅读需求。所以，我们的各级政府要加大对省、市还有社区、乡村的公共图书馆建设力度，以引进、整合数字资源为重点，以读者服务为中心，积极推进公共图书馆的建设和服务；建立以省公共图书馆为龙头，覆盖全省的流动公共图书馆；带动经济欠发达地区共享工程的建设；筹建面向全省公共、高校、科研三大系统公共图书馆的资源共享平台，实现共享工程的协调发展。通过构建全省公共图书馆公共服务体系，大力推进文化共享工程建设，取得了公共图书馆事业和共享工程同步发展的重大社会效益。

（三）建立专门负责阅读推广的常设机构，促进人才队伍建设

建立负责阅读推广的常设机构，将阅读推广活动作为公共图书馆的基本业务来看待，有利于经验的积累、效率的提高、学识的增长、活动的衔接和连续，有利于培养公共图书馆自己的阅读学专家和阅读推广活动策划专家，对于阅读推广活动的可持续发展是一个重要保障。要使推广活动常办常新，还必须大力培养阅读推广人才，培养他们的策划和营销能力。阅读推广，既要知书，又要知人，这样才能根据读者的需要，推荐或者提供他们想要的服务，推荐他们想要的书，才能间接地激发他们的阅读热情。

（四）开展阅读创新活动，传承阅读经典，创造阅读品牌

在大众阅读时代，人们的阅读范围更加广泛，而阅读对于大多数人来说，也是电子时代的快餐阅读。因此，公共图书馆要提倡传统的阅读经典活动，引导群众进行深层次有营养的阅读。我们要有创新思维，不能墨守成规。可以丰富网络阅读资源，加强公共图书馆的管理和建设，建设丰富的数字资源，包括网上数据库、读者数据库，等等，及时更新网络数据库的信息和资源，满足读者的需要。同时，可以结合群众的文化需求，开展对应的活动，如，开展好书推荐活动，让好书不再寂寞，或者是根据某一特定的人群开展一些专题讲座和书展等阅读活动，如老年人保健、烹饪文化专题讲座，针对小朋友的"妈妈讲故事"等专题活动，从而调动广大不同群体的阅读爱好兴趣。通过活动的举办，去引导读者阅读相关方面的书籍，从而影响他们的阅读习惯。

公共图书馆开展阅读推广活动是推动"全民阅读"的有效手段。总之，我们要明白公共图书馆在阅读推广活动中的重要意义，因势利导，不断创新，根据不同阶段读书活动的时代性和针对性，将"阅读推广活动"融入日常工作中，健全工作机制，发挥导读导行的作用，为营造全民阅读的良好氛围出力。

第六节 公共图书馆阅读推广活动研究

一、公共图书馆阅读推广活动的意义

公共图书馆阅读推广活动对提高全民文化素养有着极其重要的影响，同时对维护社会和谐发展也有着不可磨灭的促进作用，因此公共图书馆开展阅读推广活动具有重要的意义。

（一）提升全民文化素养

要想提高国家的综合实力，必然得提升文化实力。大部分公民对于看书、读书，没有明确的认知，并且没有阅读书籍的习惯和兴趣，这不利于提升全民文化素质。因此，公共图书馆通过开展阅读推广活动，让人们体会和认识到阅读的好处和乐趣，吸引人们积极主动地阅读，通过阅读来提升自己的文化修养。

（二）发挥公共图书馆的社会职能

国际图联将公共图书馆的职能定为"保存人类文化遗产、开展社会教育、传递科学情报、开展智力资源"四大社会职能。随着网络技术的迅猛发展，人们可以实现足不出户来获取所需的信息，因此公共图书馆社会职能的实现遭遇了前所未有的挑战。要想拓展自身生存空间，公共图书馆必须得开拓出新路子，通过开展各种阅读推广活动为读者提供丰富的资料、创造舒适优雅的阅读环境，从而让更多的人主动亲近公共图书馆，走近公共图书馆，壮大社会阅读群体，以达到充分发挥公共图书馆社会职能的目的。

二、公共图书馆阅读推广活动中存在的问题

随着公共图书馆阅读推广活动的开展，虽然获取了一定的成效，但是其结果与预想之间还存在一定的差距，需要加以重视。

（一）阅读推广活动缺乏评价机制

很多公共图书馆开展阅读推广活动前期没有制定明确的目标，活动结束后对活动的成效没有做出具体的评估。公共图书馆在举行阅读推广活动时，缺乏与媒体的合作，从而导致宣传报道非常有限。对于活动的展开缺乏切实有效的评价机制，对读者的满意度没有进行充分的调查和分析，对读者的阅读心理与阅读行为没有深入研究，对活动的成败与原因没有经过认真分析。阅读推广活动评价机制的缺乏，导致活动结束后的点评及总结不能对此后的阅读推广活动的开展产生指导意义。

（二）阅读推广活动周期过长

周期过长、连贯性不足是公共图书馆开展阅读推广活动存在的明显问题。现在高效阅读推广活动大多是集中在一个时间段内，大多是围绕着"世界读书日"，以阅读节的形式举行阅读推广活动，通常于每年的四、五月，持续的时间较长，阶段性也过于明显，严重缺乏连贯性，这样的形式不利于阅读推广活动的有效开展。

三、促进公共图书馆阅读推广活动发展的建议

公共图书馆开展阅读推广活动显而易见是为了吸引更多的人积极主动去阅读，但当前公共图书馆在开展阅读推广活动上确实存在着一些明显的不足，针对存在的问题，提出以下相关策略。

（一）创建特色品牌栏目

为了公共图书馆未来的长效发展，特色品牌栏目的创建是必不可少的，公共图书馆通过品牌效应的打造，形成具有本馆特色的个性化服务，提高了公共图书馆的知名度，扩大了影响，从而使公共图书馆更好地适应社会环境变化，提高生存能力。

（二）建立完善的长效机制

公共图书馆必须建立完善的阅读推广机制，联合相关单位成立阅读推广委员会，有组织有计划地开展阅读活动。

（三）丰富阅读推广活动的形式

公共图书馆的阅读推广形式过于单一，在各地公共图书馆举办的阅读推广活动中，既有展览、讲座、培训、视频展播等常见活动形式，也有征文、原创作文、书籍推介等拥有极强的互动性和参与性的活动。

良好的阅读习惯可以提高人们的文化素质。公共图书馆应积极开展阅读推广活动，吸引更多的人能够主动走进公共图书馆，能够将阅读当成一种习惯，通过阅读提升自我修养，改善自己的思想情感，从而更进一步增强我国的文化软实力，促进和谐社会的发展。

第七节　公共图书馆阅读推广的发展趋势

由于我国在文化方面的发展较快，社会群众的整体素质都有所提升，对阅读的相关意识也开始逐渐增强，在这种情况下，阅读推广也开始受到社会大众的关注。在推广阅读时，公共图书馆是较为关键的一部分，承担着为社会大众提供阅读场所的主要任务。因此，需要公共图书馆紧跟阅读推广的发展趋势，从而有效提高我国国民的综合素质。基于此，本

节先阐明公共图书馆阅读推广发展的主要特征，进而针对公共图书馆阅读推广的发展趋势展开详细分析，最后提出公共图书馆阅读推广发展的有效对策，旨在为公共图书馆阅读推广的未来发展提供参考。

在如今时代下，如果想要提高社会大众的整体素质，就一定要通过阅读来展开，但由于时代与技术的持续发展，各种先进技术与产品的诞生，都导致传统阅读与现代人们的日常生活产生距离，现代人们在阅读上花费的时间越来越少，对阅读也缺少积极性与热情，以往较为传统的阅读方式与习惯已经开始逐渐被科技所代替。这种状况也开始被关注，因此加强了阅读推广的发展趋势，在这个过程中，需要公共图书馆为阅读推广的实际发展提供帮助，从而使阅读受到更多的重视与关注。

一、公共图书馆阅读推广发展的趋势分析

（一）阅读的载体更加多样

目前，在公共图书馆中各类资源的载体形式更加多样化，除了较为传统的报纸或杂志等，还有较为先进的软件，如微信、QQ等，都是如今的阅读载体，现代人们不需要外出进入公共图书馆就能够得到各类资源，在手机、电脑中都能够通过互联网开始阅读。因此，在阅读推广的持续发展过程中，这种多样化的阅读载体更容易被社会大众所认可，而且已经逐渐变成现代人们在阅读时的主要途径。

（二）阅读的方法更加便捷

以往较为传统的阅读模式会受地点、时间等多种因素的限制，但随着公共图书馆在阅读推广方面的持续发展，广大读者通过手机、电脑就可以阅读。而且如今手机已经变成现代人们的必需品，这就可以使广大读者不再因为地点或时间等因素限制阅读，还可以随意挑选自己喜欢的类型与内容开始阅读，有不懂的问题或疑问，可以通过网络获得较准确的答案，这样就能够有效加深读者的印象与理解，比传统的阅读方法更有优势。

（三）阅读的内容更加片面

以往较为传统的阅读形式为报纸等，在阅读时通常都会按照资源的顺序展开阅读，这样在阅读的过程中需要消耗大量时间，但在这个时间内读者可以对内容展开思考，从而加深对资源的了解。但在如今互联网十分普遍的情况下，广大读者可以在网络中寻找任何资源，在这种情况下，就会导致阅读变成了浏览，在浏览过程中也开始更加跳跃。除此之外，有了搜索这项功能的引导，读者可以通过搜索来转换资源链接，就会导致阅读的实际内容更加片面。通过这种片面的阅读，广大读者也无法对其中的内容展开思考，更无法使读者深入了解阅读内容的实际意义。

（四）阅读的过程更加娱乐化

在公共图书馆发展阅读推广的过程中，一定要与如今时代的发展趋势相符合，就需要

阅读的过程更加娱乐化，使读者在阅读的过程中感到愉悦。而在手机或电脑中的阅读形式，既拥有文字以供阅读，还具备图片、视频等内容，这样就可以为广大读者提供全新的阅读体验，也使阅读不像以往一样枯燥、死板。如今阅读的形式与内容已经朝着生动、形象、直观的方向发展，这不仅有利于社会大众对阅读的兴趣，还能够为广大读者提供更舒适的视觉体验。

二、公共图书馆阅读推广发展的有效对策

（一）细化阅读推广人群的分类

随着全民阅读理念的不断推广，参与全民阅读的人群数量也在不断增加，但随着人群的不断扩大，人们对阅读的需求数量也在不断增加。这就需要通过细化阅读推广人群的分类，来实现对阅读推广工作的推动。公共图书馆作为发起阅读推广活动的主要部分，为了细化阅读推广人群，就需要及时调整与转变阅读推广的方式及策略，并在调整方向的同时全面调查阅读人群对书籍的需求、喜好与阅读人群的年龄、阅读方式等。同时，需要根据不同类型的人群制定出相应的推广方式。例如：针对幼儿读者的推广方式需要以积极互动、体验服务等来实现；而针对青少年或中年读者的推广方式，则需要通过现代化信息技术手段来实现；在针对老年读者的推广方式中，应更加注重有声读物的推广方式。在实现细化阅读推广人群分类的同时，从根本上促进全民阅读活动的发展与进展，为提高现代人们知识水平提供良好的基础保障。

（二）充分满足读者的阅读要求

随着时代的发展，选择现代化阅读方式的人群数量在不断增加，在开展全民阅读活动推广的过程中，就可以将现代化阅读方式作为国民纸质阅读方面不足的补充因素。在公共图书馆阅读推广活动进行的过程中，可以根据公共图书馆官方微博、微信公众号、微信小程序、抖音等自媒体软件，通过针对性的方式对全民阅读活动进行推广。同时，需要全面提高对数字化阅读资源的整合与运用，公共图书馆需要根据数字化阅读资源构建出相应的资源库，并全面优化数字化阅读资源的索引功能，使现代人们通过搜索的方式选择自己更加喜爱的刊物、书籍等。此外，针对公共图书馆外的读者，公共图书馆可以根据官网注册的方式向其提供阅读帮助，尽可能满足其各类阅读要求。

（三）科学创新阅读推广的方式

随着近年来全民阅读活动的开展与推进，各个地区也逐渐形成具备各自特色的推广方式。但因多样化的推广方式可以有效吸引阅读人群，在公共图书馆进行阅读推广的过程中，就可以通过科学的方式创新阅读推广方式，从根本上扩大全民阅读活动的推广范围。例如，定期举办阅读大赛，全面征召阅读大赛的参赛人员，赛事主题可以设置为活动类、读者组织类、出版刊物类、新媒体推广类等，通过阅读大赛来实现扩大阅读人群的目的。

（四）培养优秀的阅读推广团队

为了更好地实现公共图书馆阅读推广，就需要培养优秀的阅读推广团队，不断吸纳优秀推广人才，从根本上实现对阅读活动的推广。在对公共图书馆阅读推广团队进行培养的过程中，需要结合公共图书馆所在地区的实际情况，并充分借鉴中国公共图书馆的人员培训管理方式，针对推广人员制定出完善的管理制度，并从制度上设计出相应的推广人员培训体系。在参考中国公共图书馆人员培训管理方式时，需要在其传统的培训管理方式中进行创新，充分融合现代化的技术管理手段，同时还需要针对推广人员的服务意识进行培训，确保其通过培训后能够完成公共图书馆阅读活动的推广任务，从而为公共图书馆阅读推广工作的顺利开展与进行提供良好的基础保障。

（五）构建完善的阅读服务平台

在对公共图书馆全民阅读活动进行推广的过程中，需要充分确保阅读服务平台的完善性与质量，从根本上提高读者在阅读过程中的体验。在构建完善的阅读服务平台时，需要全面丰富馆内的文献资源，加强对馆内文献资源的建设，从而确保馆内资料的全面性。同时还需要科学合理地控制资源采购支出，保证公共图书馆资源采购资金的充分利用。此外，在构建阅读服务平台的过程中，需要加强对馆内设备及设施的建设，提高对先进设备引进的重视程度，例如电子阅报机、电子借阅机等；同时还需要加强对公共图书馆网络平台的建设，从根本上确保实现自动化阅读服务的理念，从而为公共图书馆全民阅读活动推广工作的顺利开展与进行提供良好的基础保障。

（六）加大全民阅读的推广力度

随着现代社会的不断发展与进步，新媒体已经逐渐成为现代媒体领域的主要发展趋势，而在这种趋势的影响下，公共图书馆就需要合理运用新媒体，从而实现对全民阅读活动的推广。在推广的过程中，公共图书馆可以构建出书目推荐专栏，将书籍的图片、内容、提要等方面发布在相应平台中；同时将移动公共图书馆作为全民阅读推广的主要方式，提高对书籍信息资源采集与整合的重视，同时通过移动公共图书馆为读者提供书籍信息查询、阅读资源获取等服务，确保读者可以通过手机搜索的方式，实现对书籍随时随地地阅读、下载等。

（七）合理开拓多元化阅读形式

为了实现公共图书馆阅读活动的推广，就需要以读者的个性、喜好等需求为主要开展点，通过多元化的阅读推广方式，为读者提供多样化的服务，从根本上激发读者参与阅读活动的兴趣。在开拓多元化阅读方式时，可以将活动内容融合进现代化应用平台中，将书籍资源通过整合的方式构建出资源库，而后针对阅读用户构建出相应的交流沟通平台，使读者可以通过平台向公共图书馆提出自身的需求与建议。此外，还可以将经典影视作品融合进推广服务中，充分发挥出经典影视作品的作用，例如奥斯卡提名或获奖作品等。这样不仅可以有效提高推广活动的有效性，同时还可以充分丰富读者的阅读生活。

综上所述，在我国开展文化建设的过程中，公共图书馆是最为关键的一部分，为了能够更加适应如今时代的阅读模式与发展趋势，公共图书馆在开展阅读推广时，也需要与社会的实际要求相结合，从而深入探索更加科学、合理的推广对策，为社会大众提供有针对性的服务，并以此来提高传统阅读对社会的影响力，激发社会大众对阅读的热情与积极性，使更多民众能够涌入公共图书馆之中。这样不仅能够对阅读推广起到很大的促进作用，还能够在真正意义上满足社会大众对精神方面的实际需求。

第七章 公共图书馆阅读推广创新研究

第一节 区域公共图书馆阅读推广

全民阅读的深入开展对区域公共图书馆的阅读推广工作提出了新要求。本节将分析我国区域性公共图书馆、公共图书馆和中小学公共图书馆阅读推广的现状，指出实施阅读推广协同创新的必要性和可行性。针对新时代全民阅读服务的需求，从协同设计服务方案、携手创新服务方式、协同建设服务内容、建立多元化协同机制等方面，提出区域公共图书馆开展阅读推广协同创新的对策和建议。

随着党和政府大力推动文化事业改革发展，提升基层公共文化服务能力，全民阅读也进入一个新的发展阶段。阅读推广作为"全民阅读"的重要举措和公共图书馆服务的核心工作之一，在全国各地开展得如火如荼，并产生了积极的影响。但全民阅读还没有实现全覆盖，全民阅读的发展还面临一些问题。阅读推广工作是一项复杂的系统工程，仅仅依靠某一类型的公共图书馆，很难把阅读推广工作延伸到社会的每个角落，也无法触及每位公民，更无法满足每个社会人的阅读需求。因此，在新的时代条件下，阅读推广工作还需要不断地求新求变，推进服务主体向多元化发展、服务方式向精细化转变、服务内容向丰富化迈进。各地区各类公共图书馆要从全民阅读的实际需求出发，加强相互间的合作创新，构建全民阅读推广服务新体系，协同开展阅读推广服务。

一、区域公共图书馆阅读推广的现状

（一）区域公共图书馆阅读推广的总体情况

笔者所阐释的"区域"是从行政区划角度来说的设区市及其所辖范围。我国区域公共图书馆主要有公共图书馆、高校（普通高等院校、军队院校、党校）公共图书馆和中小学公共图书馆，在部分大中城市还有科研公共图书馆。笔者阐释的区域公共图书馆以前三类公共图书馆为研究对象，它是地方全民阅读推广的主体，其中公共图书馆主要是指设区市及其以下级别的公共图书馆（包括各级少儿公共图书馆）。公共图书馆面对的是所有社会民众，它们针对不同类型的读者，开展形式多样的阅读推广服务。例如，延伸服务空间时间、

创设新型阅读空间、举办展览讲座和影视欣赏、推行数字阅读体验等。公共图书馆阅读推广以"立德树人，成长成才"为根本任务，以大学生课内外学习、学术研究和创新创业教育为落脚点，其最鲜明的特征就是活动化，积极利用新技术新媒体推广经典阅读和数字化阅读。中小学公共图书馆通过阅读推广活动，引导中小学生树立良好的读书习惯，了解和掌握阅读方法，将课外阅读内容有机结合起来，教育学生课后多读好书，加强课外阅读。

（二）区域公共图书馆阅读推广的成效与不足

"全民阅读"作为文化民生的重大举措之一，正在不断提升全民的文化素养，增添城市文化气息，助推乡村走向文明。在这样的环境下，上述三类公共图书馆立足实际，多措并举，以多种方式为不同层次、不同类型的读者提供了多样化的阅读服务。在诸多阅读活动中，涌现出了许多优秀案例。许多城市形成了以公共图书馆为龙头、大型书城为地标、基层公共文化服务中心和实体书店为支柱、小微读书点和线上阅读为补充的全民阅读公共服务体系，高校和中小学公共图书馆的阅读推广活动日益丰富，师生阅读情绪不断高涨且在全民阅读推广中的主体地位日益凸显。

在区域公共图书馆全民阅读推广活动取得成效的同时，也应看到不足。虽然地方政府将全民阅读工作纳入国民经济和社会发展规划、城乡建设规划中，但由于条块分割造成的传统束缚，导致同一地区三类公共图书馆在阅读推广方面沟通不畅，还没有完全建立相互补充的长效合作机制，协同程度还比较低。即使馆际有合作，也只是暂时的或针对某一项活动的合作。区域阅读推广活动范围更多地仅局限在各馆自身服务领域和服务对象上，难免造成活动方式的单一、活动内容的枯燥。

二、区域阅读推广协同创新的必要性和可行性

（一）协同创新的必要性

1. 阅读推广的社会化需要多方协同

阅读推广的目的是促进全民阅读，提高民族文化素质，因此，阅读推广必然表现出社会化的特征。一个地方乃至整个社会的阅读风气，可以反映出该地居民的文化素养，要有效推动阅读，必须依靠社会各方面的配合和努力。目前阅读推广开展得有特色的地区，其推广主体明显呈现出多元化特征，并且往往是在地方党委、政府的领导下，各类公共图书馆、学校、群团组织、实体书店、出版发行企业和新闻媒体、社会阅读组织和个人共同参与。只有通过多方合作，发挥多方优势，共同创新阅读推广方式，打造优质的阅读平台，才能让民众分享阅读乐趣，交流阅读心得；才能推动增加优质文化产品和阅读服务的供给，更好地保障人民群众的阅读权益。可见，阅读推广是系统性的社会文化工程，需要多方力量尤其是公共图书馆之间的协同互助。

2.阅读需求的多样化需要多方合作

在全民阅读时代，社会公众的阅读需求发生了很大变化。一是新时代的科技创新需要智慧、创造、创意，这必将推动教育改革，同时教育改革又将反哺科技发展。现阶段，教育面临着巨大的变革，而阅读必将成为教育的核心内容，阅读能力的培养成为培养学生能力的第一位要素。以阅读来改变教育理念，需要学校、公共图书馆等机构和不同行业的专家、阅读推广人等多方的共同努力；同时通过多方合作，克服公共图书馆自身在资源、人员、技术等方面的局限性。二是社会职场竞争促使广大从业人员不断汲取新知识，专业化的书籍成为这些用户阅读的首选，而仅靠一两个馆的资源难以满足用户需求。只有建立馆际的协同，才能及时提供可读的专业文献。三是新技术既改变了阅读资源的存在形式，也改变了人们的阅读方式。数字阅读已成为人们获取信息的主要途径，阅读内容日渐多元且趋于碎片化。公共图书馆要在阅读方式和内容上满足用户的数字阅读需求，必须加强区域内各类公共图书馆的深度合作，通过区域数字阅读新平台推送多样化的阅读服务内容。

（二）协同创新的可行性

1.阅读推广协同具有良好基础

目前，国内许多公共图书馆和与学校教育专家、管理人员、学校公共图书馆馆员联手开展合作，共享馆藏，提供资源和服务。一些地区开展的阅读推广活动，尤其是每年定期举办的大型读书节，多是公共图书馆与多家单位的联合。多个地区已初步实现跨领域、跨部门的文化资源整合，共建共享的公共文化格局已基本形成。许多地区都建立了一些区域公共图书馆联盟，公共图书馆联盟合作主体日趋多元化，联盟形式也逐渐多样化。例如，某市公共图书馆组建了以20多个读书社团为成员单位的"阅读推广人联盟"，这支推广队伍活跃在该市各个阅读领域，形成政府、社会、公众共赢的公共文化可持续发展机制。

2.阅读推广合作具有新技术保障

新技术和新媒体的出现，为阅读推广活动带来了新的活力。一是新技术促进阅读推广公共图书馆网络系统的互联。我国的公共图书馆推广工程虚拟网就是各馆利用互联网链路，通过IPSECVPN技术组成的虚拟网，该网实现了各节点的互联互通，让更多的读者享受到虚拟网所带来的方便、快捷的服务。二是新技术拓展阅读服务项目。某公共图书馆网上联合知识导航站，联合了该地区公共、科研、高校等公共图书馆及其相关机构，以互联网的丰富信息资源和各种信息搜寻技术为依托，以来自全国各地以及海外图情界的资深参考馆员和行业专家为网上知识导航员。通过加强特色馆藏资源和网络信息资源的开发和利用，实现各类公共图书馆网上参考咨询服务的优势互补；和邮政部门协作，开展借阅服务，用户只需要手机下单，通过EMS，在家就能收到想借阅的图书。"网上借阅社区投递"以RFID技术为基础并集成各种高科技手段，在全市范围内选择社区投递点，将市民需要的图书送到居民身边。

3.协同性阅读推广有制度保障

全民阅读推广服务体系是多元主体为保障公民享有基本阅读权利而建立起来的一系列制度和系统的总称。党和政府高度重视全民阅读工作，《公共文化服务保障法》《公共图书馆法》《普通高等学校公共图书馆规程》和地方性全民阅读法规等法律法规文件的制定修订，既对全民阅读作出规定、提出要求，也为全民阅读推广活动提供了保障。如《公共图书馆法》规定：公共图书馆应当加强馆际交流与合作，国家支持公共图书馆开展联合采购、联合编目、联合服务，实现文献信息的共建共享，促进文献信息的有效利用；支持学校公共图书馆、科研机构公共图书馆以及其他类型公共图书馆向社会公众开放。《普通高等学校公共图书馆规程》则提出：公共图书馆应加强各馆之间以及与其他类型公共图书馆之间的协作，开展馆际互借和文献传递、联合参考咨询等共享服务；在保证校内服务和正常工作秩序的前提下，发挥资源和专业服务的优势，开展面向社会用户的服务。

三、区域阅读推广协同创新的举措

（一）协同设计阅读推广的服务方案

1.协同制订常规阅读推广计划并有效实施

随着公共图书馆阅读推广的发展，阅读推广服务正从公共图书馆的创新服务、延伸服务日渐转变为常规服务。各办馆实体要由"一馆思维"转向"平台思维"，将区域公共图书馆打造为基层全民阅读服务平台。活动策划与项目设计要确保其针对性与可持续性，加强与学校、媒体、社会团体等的深度合作，吸引社会大众参与。针对一些常规性阅读活动，如科普知识讲座、学术讲座、民俗文化、作家专场、读书沙龙、高雅艺术欣赏、图文展览、精品推荐、"你选书我买单"等，区域公共图书馆学会（或联盟）可统一协调，优化各馆的服务计划。每年年初由学会理事长单位牵头，集中各馆当年的阅读服务计划，结合各馆的活动内容和服务对象的层次，去除重复项目，携手打造共性阅读服务项目。对于可以共享的服务，以一馆为主其他馆共享，譬如巡回展出类活动、民俗文化讲座等。

2.共同策划大型读书节系列活动方案

现阶段，全国大部分地区文化宣传机构每年都举办大型的读书节活动，涉及本地区的中心公共图书馆、文化馆、书店、学校、出版社等多个部门、多家单位。大型读书节是有效推广"书香家庭""书香校园""书香机关""书香社区"等阅读活动的重要平台，区域内各类公共图书馆，尤其是这三类公共图书馆应是阅读活动的主角。各馆应积极参与系列活动方案的策划，方案要体现全民性，在活动内容和形式上要兼顾各类读者的参与度；在承办方式上，围绕读书节主题的系列活动项目可由三类馆分别承办或联合举办，形成多馆联动，助推全民阅读。对于统一设计、由各馆同时开展的某一主题活动，各馆可依据总体方案办出自己的特色。

（二）携手创新阅读推广的服务方式

1. 搭建线上线下的协同互动阅读

随着微博、微信公众号、移动公共图书馆等技术的发展，线上阅读日益流行。近几年的实践证明，线上线下相结合的方式可以提高公共图书馆的社会影响力，扩大读者范围，有利于增强公共图书馆阅读服务的黏性。因此区域公共图书馆可以把现有的比较成熟的模式，通过线上线下结合的形式在本地区予以推广应用，让更多的馆、更多的读者加入统一的互动平台中。①新建或完善地区公共图书馆联盟的线上线下协同服务平台（大平台）。以新建或扩建的方式搭建协同交互平台，或者以某一个馆的服务平台为基础，将其他馆的资源与服务融入其中，让读者访问一个平台就可以了解并获取所有的资源及服务。②搭建跨馆的微服务子平台（小平台）。在大平台上建立微服务系统，集成区域内各馆的微博、微信服务平台，移动公共图书馆平台，增加各馆与读者的互动，既开展信息推送服务，又及时接受读者的个性化要求，同时实现"免费送书进户""送资源入邮箱"。

2. 打造多方合作的体验式阅读

在新阅读时代，体验式阅读能打破封闭性的阅读模式，起到刺激阅读、增加读者交流的作用。区域公共图书馆要积极打造体验式阅读平台，通过与地方文化职能部门、新闻出版、社会公益组织等单位的多方合作，建立体验式阅读推广平台，面向社会机构以及民众推出体验式阅读活动。该阅读推广方式已在一些地区实施，值得更多公共图书馆去学习和借鉴。近年来，公共图书馆界推出了一项阅读推广服务设备——朗读亭，以朗读体验为主，集朗读、录制、演讲、训练等多功能于一体，是多领域跨界融合的产物。其业务模式极具创新性，它尊重人性，重视用户体验，这也是区域公共图书馆联合打造体验式阅读的新载体。

3. 拓展智能协同的阅读新空间

21 世纪公共图书馆正在向智能化、智慧化方向发展，这也为区域公共图书馆阅读推广的智能化协同提供了强有力的技术支撑。从社会大众的阅读需求来看，自助的智慧型阅读空间——"24 小时自助公共图书馆"，颇受广大读者的欢迎。这也是当前全民阅读推广中备受欢迎的服务方式。这是一种全开放、不打烊、高品位的自助服务体系和崭新的公共文化服务形态；这也是"政府主导、部门指导、社会参与"的协同模式。24 小时自助公共图书馆（城市书房、城市书吧）是各级公共图书馆功能的补充，不仅提升了借阅的便捷度、阅读的享受感，更有效地拉近了书与人之间的距离。

作为阅读推广服务的新形态，24 小时自助公共图书馆还有很大的提升空间。一是要扩大覆盖范围。许多地区的城市书房建设很少覆盖到高校和中小学，虽然学校有公共图书馆，但能够与社会共享的馆还不多。因此，区域范围内的三类公共图书馆还要加强与之沟通与合作，让"城市书房"这样的智能化阅读服务模式走进校园，扩大本地区学校与社区共用的阅读空间。二是要充实数字阅读。科技跟阅读相结合，让现代人的读书方式更加多样化，也促进公共图书馆服务方式的多样化。为促进新型的阅读向精细化和特色化方向发展，保持 24 小时自助公共图书馆的吸引力，各地已建和即将建设的城市书房等智慧阅读空间，要不断添置数字化设备，将现有的自助公共图书馆"升级"为数字化的书房。

（三）协同建设阅读推广的服务内容

1. 认识阅读服务内容建设的重要性

阅读推广的任务不仅仅是推广公共图书馆的资源——纸质公共图书馆、电子图书及音视频、游戏等多媒体信息，还包括阅读能力的提升、阅读兴趣的培养、阅读习惯的养成、阅读品位的熏陶和阅读氛围的营造。目前国内阅读推广似乎更加侧重于纸书阅读的推广，尤其是以读经典作为重点推广的内容，我们必须清楚地认识到，技术改变了阅读的方式和阅读内容，传统阅读和数字阅读共同构成获取知识的渠道。在"文化消费走向生活化，生活消费走向文化"的新时代，虽然存在着以升学、求职、备考为目的的阅读现象，但以兴趣爱好和消遣娱乐为阅读目的的人群也在迅速增加。读书不只是为了工作与学习，读书同样是为了享受生活。区域公共图书馆只有同时深入了解人们学习性和非学习性阅读的需要，才能更好地加强阅读推广服务内容的建设。

2. 协同打造阅读活动的内容与服务

同一地区不同类型公共图书馆提供阅读推广的服务与内容有一定的差异性，只有展开多渠道、多方位的合作与交流，建立全面的阅读推广合作伙伴关系，才能全面推进本地区的全民阅读。①创新文献信息资源的合作途径。公共图书馆应充分考虑虚拟环境下人们的信息行为和信息需求，利用阅读推广协同平台，扩大区域性资源的共建共知共享范围。联合本地区各类公共图书馆共同建立实质上的区域"共享系统"，实现多项业务的协同发展；实现读者对各馆资源的一站式发现，学校师生通过公共馆及其分馆或其他学校获取纸质图书，公共图书馆用户也可以从学校公共图书馆借阅图书，同时实现数字资源的互访和下载。②扩大阅读活动的合作范围。除了共同利用社会资源外，在许多阅读活动中，各馆不仅共享书刊资源和设施设备，也可以共享人力资源。比如公共馆、中小学馆的知识讲座、学习培训辅导等，可由高校馆提供金牌阅读推广人，将学校的教书育人理念带入公共阅读服务领域。同样，由公共场馆组织的阅读推广人，可将奋斗精神、劳模精神、工匠精神引入校园。③按读者层次开展协作性的服务。譬如，基于新的高考改革方案，公共图书馆可以引进外部的教育资源，推出针对课程的馆藏套餐，开设选修课，综合提升学生的素质、开拓学生的视野、帮助其适应如今的高考改革。通过协同互动平台，邀请中学教学名师和高校专家，让学生获取在线作业辅导和心理教育咨询服务等。

（四）建立多元化的阅读推广协同机制

随着全民阅读发展的深入推进，阅读推广的"协同创新"已成为发展过程中的关键之举。要深入推进阅读推广协同发展，全面提升全民阅读服务水平，就要勇于冲破思想观念的障碍，冲破利益固化的藩篱。无论公共图书馆还是学校图书馆、书店、出版社，一定要统筹协调相关部门，推动建立和完善各部门共同参与的工作协调机制，打造阅读推广协同创新共同体。①建立由地方政府部门与公共图书馆、其他媒体和民间读书机构的长效合作机制。地方政府通过制定全民阅读战略规划，以法律法规的形式来规范阅读推广，加大对阅读活动的财政投入，解决公共阅读设施不足、管理不当的问题，以相关政策鼓励社会力量参与全民阅读建设。②建立由公共图书馆、出版社和书店协同的阅读推广机制。出版社是知识的生产者，是阅读推广的源头。书店和公共图书馆是阅读推广的主力军，担负着向读者宣传、展示和推荐优秀书籍的责任和义务。所以，区域公共图书馆应主动与出版社、书店进行合作，通过选书、直借和书评等线上与线下相结合的活动平台，共创阅读推广新模式。③建立由公共图书馆之间密切合作的常规活动机制。区域内各类公共图书馆是阅读推广的直接力量，相互间的合作将实现以强带弱、多向联动的阅读服务新格局。通过区域公共图书馆联盟，建立联盟内馆员教育、人才培养和软硬件共享机制，协同开展全民阅读推广、公益讲座、展览及其他阅读活动。

综上所述，社会上的各种阅读推广服务，从政府的行政性号召、各界专家的书目推荐、不同行业学者的辅导报告到社会上规模不一、形式各异的读书活动，都是主动性的阅读推广服务，都拉近了公共图书馆与读者的距离，助推了全民阅读。在深入推进全民阅读的新时代，阅读推广主体呈现多元化的特征，区域公共图书馆只有不断创新阅读服务思维，以协同创新的服务理念为指引，加强与阅读推广活动相关主体之间的合作，才能搭建起阅读推广协同的新平台。只有创新服务方式，才能更好地发挥社会资源的功能，激发区域馆的发展活力，形成上下合力、相互协同、整体推进的区域性全民阅读工作新格局。

第二节　利用新媒介促进公共图书馆阅读推广

随着媒介技术的发展，媒介组织进一步走向联合，"媒介融合"已经成为一个急速发展、影响极其深远的媒介生态现象。阅读作为传统媒介与新兴媒介都高度聚焦的领域，也不可避免地受到媒介融合的巨大影响，阅读对象从印刷型读物延伸到音频广播、模拟视频、数字多媒体读物，阅读活动的环境从固定地点、固定时段拓展到任何时段、任何地点，同时读者的阅读方式、思维模式、价值评判标准也发生着巨大变化。因此，面对传媒时代的剧烈变革，公共图书馆如何准确把握媒介融合的特点，有效发挥媒介融合的优势，从而更广泛、深入地推动阅读是一个值得认真研究的课题。

一、利用新媒介开展阅读推广的特点

（一）移动性强

以手机为主要代表的移动终端是新媒介在阅读推广中的主力。移动终端提高了信息传播的效率，增强了阅读推广的移动性。利用手机，读者可以随时随地获取阅读推广信息，观看并分享阅读推广信息内容。在读者群中，手机与手机间的分享互动，使得阅读推广范围扩大，加快了信息内容的传播速度，实现了新媒介在阅读推广中信息传播的动态化和移动化，提高了信息资源在读者群中的共享与传播效率。

（二）富有个性化

数字时代，读者个性化意识越来越强，大众盲从的阅读心理渐渐消失，他们对阅读有主动选择的权利，借助信息技术他们可以轻易找到想要阅读的内容。读者寻找阅读信息时会留下印迹，如阅读的内容、访问的网页、个性化标签等，这些能让新媒介捕捉到读者的兴趣爱好。阅读推广主体会根据捕捉到的读者特点和需求，明确阅读推广的对象，有针对性地推送读者感兴趣的内容，满足读者个性化需求，促进阅读推广质量和效率的提高。

（三）交流互动活跃

读者在阅读之余，渴望与其他阅读者交流互动，分享自己的阅读感受。交流互动促进了信息内容的广泛传播，这是新媒介进行阅读推广的重要途径。在新媒介中，读者可以根据自己的兴趣爱好与其他读者相互关注，建立互动交流，形成新媒介用户群。群体中的用户可以对进入群体的信息交流、互动、创造、传播。阅读推广主体可以与这些读者群相互关注，交流互动，这样，阅读推广主体发布的信息内容可以通过读者群分享传播，吸引更多的读者关注到阅读推广活动。

二、新媒介环境下公共图书馆阅读推广面临着新的机遇和挑战

（一）读者获取信息与知识的途径日趋多样化

随着信息技术的快速发展，读者获取信息与知识的途径呈现出多渠道、多元化、多媒体的新特点。新媒介阅读作为一种重要的阅读方式日益普及，从在线阅读、电子阅读器阅读，发展到以手机、平板电脑等移动终端为载体的无线阅读。新媒介环境下，"读者的阅读需求活动对作为物理状态的公共图书馆的依赖程度明显降低，分布式数据库状态的虚拟公共图书馆在满足读者信息需求中发挥了巨大作用。学生足不出户通过移动阅读设施就能及时获取信息"。这些对公共图书馆开展基于新媒介、多终端的阅读推广服务都提出了新的要求。

（二）读者对公共图书馆的服务提出了更高、更深层次的需求

随着信息技术的高速发展和广泛运用，公共图书馆的馆藏形式发生了显著的改变，目前公共图书馆的资源建设正经历着从原始资源采购到资源授权、从公共图书馆自行采购到完全受用户驱动的演变，读者对文献信息的需求呈现出多元化的趋势，公共图书馆馆藏建设应本着以学生为本的准则。新媒介技术的发展给公共图书馆阅读推广带来挑战的同时，也为公共图书馆业务和服务的提升与发展带来了新的机遇。公共图书馆可以在更广阔的平台上拓展服务范围，创新服务模式，提升服务能力，推动业务发展。

三、利用新媒介进行阅读推广的策略

（一）提升馆员能力与强化部门整合相结合

立体式宣传报道要求对现有的宣传推广流程再造，深度整合校园内各种推广力量。无论是处于何种岗位的公共图书馆工作人员，媒介融合背景下的阅读推广都对其提出了"一专多能"的全媒体工作要求，不仅要具备妙笔生花的写作能力，能够轻松应对短篇网络新闻与长篇深度报道的写作，而且要具备优秀的摄影、摄像、音视频后期处理能力，还要熟练掌握全媒体营销运营能力，让阅读推广的作品更具交流性、传播性。强化部门整合主要是加强公共图书馆负责阅读推广的宣传部门与学校宣传部门在阅读推广宣传方面的力量整合。这是由于这两个部门所采集的内容、宣传的重心、报道的形式以及用稿需求差异不大，从而可以联合组建后台编辑队伍进行统一的策划、整合、推广和营销。

（二）组织丰富的新媒介阅读活动

公共图书馆在阅读推广中可以成立各种各样的读者新媒介阅读组织，如阅读指导委员会、读书会、读书沙龙、读者协会等，负责新媒介阅读活动的调查和指导，会同学校相关组织举办各种新媒介阅读论坛，定期邀请一些专家学者来传授新媒介阅读的方法、技巧；举办公共图书馆宣传服务月，邀请数据库商来学校做数据库资源利用讲座，以期提高学生利用公共图书馆资源的能力，提高他们的阅读层次。此外，还可举办阅读竞赛、阅读成果展、评选新媒介阅读之星等阅读活动，以各种方式来提高读者的阅读素养。

（三）建立学科馆员制度，提高服务深度

学科馆员是指具有学科背景、以学科划分业务和读者服务为工作的新型馆员。他们既熟悉本馆所拥有的各种信息资源，具有较强的文献信息检索、组织能力，又熟悉各学科教学科研情况。在新媒介阅读推广中，学科馆员要深入对口的院系了解师生对馆藏数字资源的需求，最大限度地帮助他们解决问题，满足其阅读及科研需求。学科馆员在服务上可以采取"走出去"的策略，主动联系自己对口的学院，定期组织学院的学生开展新媒介阅读的讲座，介绍公共图书馆的馆藏电子资源及网络资源的获取和利用方法以及公共图书馆所开展的一系列新媒介阅读服务，如公共图书馆开通的微博、博客，短信服务，RSS 推送

服务，电子阅读器外借服务等。

（四）注重新媒介阅读推广体系的多元化

一是新媒介各种平台的阅读内容要方便读者阅读、观看。如目前公共图书馆的微信公众平台的服务内容包括馆藏查询、通知公告、书证查询、公共图书馆推荐和热门借阅这几大板块，如能将美文阅读、经典作品赏析、历史文化及音乐鉴赏等内容直接放于公众平台，方便读者随时阅读欣赏，从而促进阅读推广。二是通过新媒介开展网上阅读推广活动。公共图书馆可以将一些传统阅读推广活动转为线上活动，如微信读书会。传统读书会的开展受场次地域限制，而微信读书会则打破这种限制，只要读者使用安装了微信APP的智能手机，连接网络，就可以免费参与。读者利用微信交流读书心得，讨论焦点话题，不依赖单一和单向的点对面传播，这种自由便利，有利于读书会的推广和普及，促进全民阅读社会风尚的形成。除此之外，图片影像展、在线阅读知识竞赛、各类读者调查活动等也可以在线上开展。

综上所述，公共图书馆应适应信息时代的发展，充分利用新媒介进行综合阅读推广，使阅读推广活动更有吸引力和生命力，从而提升校园人文气息，传播校园文化，营造阅读的环境氛围。

第三节　阅读立法中的公共图书馆阅读推广

用立法来保障阅读权利，建立阅读推广的长效机制，在国外早有先例，这包括了颁布专门的阅读法规，修订现行法律，或颁布相关部门法规来促进阅读。我国关于阅读立法已经取得重大突破，全民阅读立法已纳入国家立法计划。阅读立法环境下，对公共图书馆阅读推广工作提出了更高要求，需要公共图书馆及时顺应形势，转变服务理念和工作方式，切实做好公共图书馆阅读推广工作。本节主要结合实际情况，首先分析阅读立法的必要性以及公共图书馆在阅读立法中所扮演的角色，最后分析阅读立法环境下公共图书馆阅读推广对策，希望通过本次研究对同行有所帮助。

积极开展全民阅读对中国具有划时代的历史意义。我国全民阅读活动由浅入深，从小范围的推广扩展到全国性立法保障，政府及民众对全民阅读推广重要性的认识越来越深刻，从这一点表明，我国已经把促进全民阅读、扩大阅读范围、提升阅读质量，作为增强国家文化软实力的重要举措，全民阅读立法也被列入了国家重要立法规划。全民阅读计划纳入国民经济和社会发展规划中，实现了过去由零散到国家战略性部署的转变，阅读推广工作开展过程中，由政府提供基本保障，阅读惠及每一个民众，并保证特殊群体、少数民族地区、边远地区群众的阅读权利，提升国家整体阅读水平。在阅读立法大环境下，公共图书馆作为阅读推广的重要机构，应充分认识到自身在阅读立法背景下所扮演的重要角色，及时调整公共图书馆阅读推广政策，切实做好全民阅读推广工作。

一、阅读立法的必要性

（一）阅读立法提升了国民整体阅读水平

法律具有强制性，阅读法律法规同样具有强制性。但阅读本身作为个体私人行为，不应受到法律的调整和规划。国家阅读立法的本质目的是要强制规范并非私人阅读行为，而主要以法律手段保障社会大众的阅读权利，促进私人阅读，提升国民整体阅读水平。因此，通过进行专门的阅读立法，对高效推进我国全民阅读计划更好更快地实施、指导和统筹各地全民阅读开展都具有十分重要的现实意义。同时，阅读立法能够使全国范围的全民阅读推广活动的推进和开展有法律依据，并通过法律的引导作用鼓励地方根据实际情况，灵活对阅读推广活动做出调整，以达到提升国民整体阅读水平的目的。在阅读立法进程中，有些地方已经率先实现立法突破，使地区间的阅读立法得以真正实现。这些地方法律法规条款，在一定程度上补充了《全民阅读条例》，体现的是《全民阅读条例》的基本精神和基本原则，都是坚持以政府为主导，在社会大众全面参与、社会广泛建设等方面对保障全民阅读实施进行了规定。

（二）阅读立法明确了权利义务主体

在阅读立法进程中，首先应明确权利义务和主体，尤其是要明确政府的责任和权利义务，及特殊人群的保障问题，制定完善的责任主体惩罚条款。首先，明确责任主体。阅读立法的责任主体是政府。要想确保全民阅读活动更好更快地顺利推进实施，就需要政府部门统筹规划，确定由下至上分级管理的模式，由国家政府统一领导，地方政府遵循指导意见，强制要求，根据地区实际情况发挥政府的主观能动性，灵活调整阅读推广活动，确保全民阅读能够顺利进行。其次，明确各方权利义务。阅读立法过程中会涉及责任主体、政府、相关组织以及公民。其中政府及相关组织主要以义务性条款作为约束，而公民主要是享有权利的一方。最后，制定责任主体惩罚条款。政府部门既然作为阅读立法的责任主体，应严格按照相关法律规范，履行自己应有的义务。当政府未按照国家法律规范履行应有的义务时，必须受到惩处。为了确保全民阅读推广活动的顺利推进，防止推诿拖延等情况出现，必须以法律形式明确惩处条款。

二、公共图书馆阅读推广在阅读立法中扮演的角色

（一）公共图书馆的场所和设施能够有效推动全民阅读开展

公共图书馆拥有较大的场所场地，部分规模较大的公共图书馆，甚至还拥有少儿阅览室、盲人阅览室、老年活动室、创意活动区等场所，能够满足各个年龄层次、各行各业人

群在这里进行阅读。此外，随着以计算机互联网为代表的信息技术在各行各业的成功应用，公共图书馆积极构建数字化公共图书馆，在公共图书馆内部，出现了众多包含电子期刊、电子图书数据库在内的电子文献资源。公共图书馆内部的科技设备，也能够满足社会大众的全民阅读需求，保障阅读推广活动具有多样性。

（二）公共图书馆是全民阅读书目的推荐者和采购者

《全民阅读条例》中明确指出，在开展全民阅读推广过程中，要发布包括数字化出版物在内的全民阅读基础书目和分类推荐书目。公共图书馆作为综合性的公共图书馆，应该将全民阅读指导委员会发布的全民阅读基础书目的部分或全部纳入采购计划。在条例中明确规定了公共图书馆要向社会大众提供优秀读物。由此可以看出，公共图书馆在全民阅读书目推荐和采购方面扮演着十分重要的角色。一个地区的公共图书馆作为图书流通最多、读者量最大、与读者接触最为频繁的公共场所，对公众阅读需求、阅读偏好、图书流通价值都最具有发言权，在日常工作过程中，也需要经常做相关书目推荐活动。阅读推广过程中所产生的各种资源、经验在开展全民阅读推广过程中，具有很高的参考价值。因此，公共图书馆作为全民阅读书目推荐者和采购者当之无愧。

（三）公共图书馆是阅读推广人才的培养基地

阅读推广人才并不一定是公共图书馆人，他们可以是任何专业任何阶层的人或组织。但公共图书馆拥有众多图书文献资源，对培养阅读推广人才有着自身得天独厚的优势。阅读推广人才不管是什么专业、什么阶层，这个群体共同的特性就是与阅读密不可分。公共图书馆拥有广大的阅读载体，在开展相关阅读推广活动、讲座、展览时，也具有丰富的经验。因此，各个单位各个阶层在开展全民阅读推广过程中，通过和公共图书馆直接合作，或直接将公共图书馆作为培养基地，能够确保阅读推广工作更加顺利。

（四）公共图书馆是阅读推广活动的辅助者

《全民阅读条例》中明确指出，积极鼓励各单位在组织内部开展全民阅读活动，并鼓励设置阅览室，吸引广大职工参与到阅读推广活动中。而对于一些没有开展过阅读推广实践的单位来说，在最初开展阅读推广活动或设立阅览室时，往往会存在建设力度不足、建设流于形式的问题。作为一个地区的公共图书馆，因为拥有丰富的阅读推广经验，能够为各组织开展阅读推广提供一定的借鉴，是地方各机关、单位开展全民阅读推广的辅助者和指导者。在具体工作开展过程中，公共图书馆可指导各单位科学分类采购图书，科学布置阅览室，并做好后期管理和阅读推广主题选取工作。

三、阅读立法大环境下公共图书馆阅读推广对策

（一）多方面合作开展联合推广模式

公共图书馆作为全民阅读的主体，常常会独立开展阅读推广活动，推广模式较为单一，

受到资金、设备、人员制约性较大，常导致全民阅读推广活动开展效果较差。目前，公共图书馆之间的合作、公共图书馆与出版单位、经销单位之间的合作较少，合作模式较为单一。而在阅读立法大环境下，使阅读推广主题进一步得到扩大，《全民阅读条例》要求政府、机关单位甚至更多组织团体全面参与到阅读推广活动中，实现全民阅读。在这一背景下，公共图书馆有机会与更多的团体一起开展阅读推广活动，以降低自身成本投入，确保阅读推广活动更加多元化和多样化。在全新历史时期，公共图书馆要逐渐适应这种多主体联合推广的阅读推广模式，做到因地制宜，让阅读推广效能发挥到最大。

（二）建立阅读推广反馈机制

公共图书馆在开展全民阅读推广活动中，通过长期的阅读推广实践，势必会在社会大众中产生一定的正面影响，从而达到阅读推广应有的目的。但在具体阅读推广工作开展过程中，所制订的推广计划实施情况如何、获得了哪些具体效果，例如推广活动所涉及的未成年人的阅读量是否上升，特殊人群阅读推广活动是否照顾到等问题不能很好地解决，因此不能很好地衡量阅读推广效果。在阅读推广活动开展过程中，公共图书馆消耗大量人力物力财力，最终获得的结果不能进行定性定量评估，常常导致公共图书馆阅读推广活动流于形式。所以，在阅读立法环境中，构建阅读推广反馈机制十分有必要。公共图书馆在开展全民阅读推广活动之后，能够收集到相应的反馈结果才能更好地对本次阅读推广活动进行全面分析评价，并在现有基础上对阅读推广活动做出改进，以期为后续活动开展提供参考。

第四节　"互联网＋"时代公共图书馆阅读推广

伴随着"互联网＋"时代的到来，人们的生活方式和阅读模式也发生了翻天覆地的变化，尤其是公共图书馆阅读推广工作，要面临市场带来的机遇和挑战，不仅要整合阅读平台，也要对阅读模式以及阅读资源等予以衡量和管理，充分发扬互联网精神。

一、"互联网＋"概述

"互联网＋"在政府工作报告中被首次提起，是一种多样化的组合模式，是互联网和各种传统行业融合的统称。需要注意的是，这个"＋"的过程并不是简单地相加，而是两种行业的融合，借助互联网思维建构信息技术和互联网交流平台，整合传统行业发展趋势和互联网深度融合策略，从而形成新的行业形态以及领域。基于此，"互联网＋"是对社会行业进行的深刻改革和创新，也是新时期各个领域发展的基本路径，要整合互联网资源和产业发展需求，才能顺应市场变化。无论是行业服务项目还是行业产品结构，只有从根本上满足互联网时代的目标，才能实现可持续发展，尤其是"互联网＋公共图书馆"，实现了传统图书推广行业的创新性变革。

二、"互联网＋"时代阅读模式的转变

在"互联网＋"时代，人们的阅读变化明显，公共图书馆常规化管理工作也要顺应人们阅读模式的转变需求，真正践行创新性发展和升级。

第一，阅读渠道得以拓展。在云计算和大数据时代背景下，信息化技术实现了全面优化，其中，新媒体技术不断发展，无论是信息传递形式还是信息内容都呈现出深刻变革的形态。基于此，信息的传播路径也实现了扩展和升级，信息的传递成本逐渐降低，而信息量则大幅度增加。在传统的信息整合结构中，阅读的基础性载体就是纸媒，无论是图书还是杂志报纸，都是结构固定的单一化信息传递平台。在"互联网＋"时代，信息传递借助互联网技术，在移动设备中进行阅读也成为主流。所以，阅读本身的扩展使得阅读渠道得以增加，全面整合单一化渠道以及互联网管理结构，就能建立健全更加系统化的信息传递媒介和平台。在多元化媒介体系内，无论是阅读还是资料处理工作都更加便利和有效，其选择性以及自由度的增加使得人们的阅读成本逐渐降低，阅读环境也实现了提升。

第二，阅读模式的转变。在新兴技术的发展背景下，传统的阅读渠道实现了多元化升级，使得人们的阅读渠道也随之增加，尤其是阅读模式和阅读习惯的改变，也助推了阅读模式的变革。人们从纸质图书、杂志以及报纸的阅读结构逐渐转变为平板、手机等阅读方式，正是由于新媒体的介入，使得整体阅读结构和信息整合机制更加轻松有效。也就是说，在零散化和随时性特征的推动下，人们的阅读模式也呈现出了较为新颖的变化。正是阅读模式的转变，推动了阅读结构的时代性发展进程。

第三，阅读效能的提升。伴随着"互联网＋"模式的提出和升级，阅读结构和阅读体验不断丰富，使得数字化阅读结构更加有效，阅读环境也趋于友好，正是由于阅读成本的降低，使得参与阅读的人数逐渐增多，人们能借助更加便捷化的阅读方式满足阅读体验。手机、平板以及电脑等智能化终端建立的差异化阅读载体成为时代发展的产物，人们阅读时间逐渐增多，借助互联网建立了知识点链接结构，也为知识点检索提供了保障，确保阅读内容更加丰富而整体，互联网结构应用价值也更加便利，不仅完善了无障碍阅读和实时交流的结构体系，也为阅读平台的分享以及阅读体验的探讨提供了基础环境。正是基于此，在公共图书馆进行阅读推广的过程中，要充分把握现代阅读群体的需求，建立精准化阅读机制，并且为人们提供更加人性化且个性化的阅读服务，在保证推广效果全面升级的基础上，实现阅读效能的优化。

三、"互联网+"时代和公共图书馆阅读推广之间的关系

从 20 世纪 90 年代开始，公共图书馆在阅读推广工作开展过程中，就逐渐和信息技术相结合，有效分析纸质阅读资源的同时，开始进行资源体系的数字化处理。也就是说，借助互联网技术能对数字资源进行及时性的查询和检索，然后建立基本的阅读关系。人们对数字资源的需求量不断增大，数字资源要满足阅读需求，就要对现代化信息技术予以调控升级。基于此，互联网和公共图书馆推广项目之间就形成了互相作用和影响的关系，数字化阅读平台的升级要将互联网作为基本的支撑结构，不断整合网站资源、数据库资源以及新媒体资源等，对不同需求的阅读群体给予差异化服务，践行优质高效的信息整合管控机制，确保阅读精品成为主流内容。

另外，在社会节奏不断加快的背景下，有效整合读者的阅读需求，保证处理效率和分析机制的完整程度。在"互联网+"时代背景下，公共图书馆在阅读推广工作开展后，要真正建构兼容个人电脑、智能手机以及电子阅读器的移动化终端特色化项目，发挥其互动性以及智能性立体阅读推广体验，确保读者的需求和阅读愿景得以满足。除此之外，公共图书馆在新型阅读推广机制建立的过程中，要充分融合互联网集聚融合能力，借助不同平台开展阅读资源推广和宣传机制，实现管理标准的全面升级。

四、"互联网+"时代公共图书馆阅读推广项目

（一）转变公共图书馆阅读推广形式

"互联网+"时代背景下，要想从根本上升级公共图书馆阅读推广水平，就要建立健全完善且有效的网络控制机制，整合资源体系的完整程度。

人们借助新兴媒体进行阅读的时间在增长，尤其是手机终端，人们将充分利用碎片化的时间进行阅读和信息提取，满足阅读需求。另外，作为信息传递的公共图书馆，也要充分发挥自身的价值和优势，融合现代新媒体平台的基础上，对线上线下资源以及服务体系予以判定，并且在信息推送以及实时交流方面建立全方位阅读体验和服务模式。

（二）提倡"个性化"阅读推广机制

在"互联网+"时代，满足人们的个性化需求成为行业发展的主流趋势。因此，为了发展公共图书馆阅读推广项目，也要在尊重个体差异以及阅读需求的基础上，保证用户体验得以满足。

在阅读推广工作开展进程中，要在互联网思维建构的同时，将读者的基础性需求和阅读体验作为根本以及项目发展的重心，有效落实分众阅读以及个性化阅读，在满足差异化需求的同时，也为开展阅读服务项目提供保障。针对差异化读者，落实兴趣爱好、阅读习惯以及阅读侧重点等基础性特征开展服务项目，提供相应的阅读资料以及服务，保证阅读

实效性和基本需求。

（1）"互联网＋"环境中，要对读者的年龄、学历以及工作背景等基础性信息进行统计，借助大数据分析推送相应的阅读资料和范围。

（2）建立大数据分析机制，能对读者数据库、网页以及信息搜索等项目的停留时间，以及阅读评论关注焦点等信息建立有针对性的阅读推送管理，在信息提取以及微阅读机制建立后，就能在信息提取后完善深度分析机制的实际价值，确保能全面了解阅读者的兴趣偏好，维护群体推广机制。

（3）借助数据处理技术，对利用率高以及闲置资源予以判定，全面分析阅读需求后就能展开系统化的资源整合以及优化措施，从差异性侧重点出发，确保阅读推广的实效性。

例如，现代人更加热衷于公众号、微博等，其中不乏一些较为权威的书评和精彩片段，在满足读者阅读需求的基础上，也起到了良好的导向性作用，指导阅读者进行针对性的阅读。其中，一些新兴的"听书"软件也可以作为公共图书馆传递信息和图书数据的方式，借助相应的手段将图书内容转化为音频资料，有效整合资源体系的同时，也能为其提供全新的阅读体验和推广服务项目。

除此之外，公共图书馆可以定期发起"年度读者最爱的十本书"活动，不仅能对公共图书馆资源以及服务予以整合，也能对资源进行系统化推广，确保公共图书馆资源体系的完整程度。借助延伸传统阅读的推广措施和管理策略，能为读者和公共图书馆之间搭建有效的平台，保证阅读活动更加具有时代价值，也为阅读服务辐射范围的增大奠定坚实基础，建构系统化的网络平台。

（三）拓展渠道多样化

为了全面完善阅读水平，建构"互联网＋"和其他领域的融合也成为新时期公共图书馆阅读推广的发展趋势。其中，智能手机、平板电脑、电子阅读器等基础性智能化终端结构，能保证阅读不受任何场景和场所的约束。

"互联网＋"时代，互联网借助其连接数据信息的特点，为公共图书馆的开放性需求提供了保障，也能在更加开放和有效的环境中实现合作，并且无论技术的发展方向如何，都能整合公共图书馆战略体系，确保服务的主动性和有效性，满足全天候服务理念以及要求的同时，保证阅读文化服务元素能被应用在不同的领域和行业内。基于此，组织机构和行业内部开始形成阅读意识，真正践行阅读推广和行业工作结合的要求，保证公共图书馆基本目标得以实现。

例如，公共图书馆和物流公司建立有效的合作关系，借助物流网络建立送书上门的点对点服务，以及通借通还的服务模式，能在节省读者时间的同时，从根本上激发阅读的积极性。另外，将公共图书馆和电视台进行合作，借助无线电视网络设定有效的电视公共图书馆，从根本上满足人们足不出户就享受阅读的需求。公共图书馆在跨界合作中不仅是发起者，同样也是最基本的服务供应者，在建立针对不同优势整合资源体系的同时，确保体验活动能为读者阅读兴趣的攀升提供保障。

例如，公共图书馆联合电子书商开展资源的收集以及整理，在流动量大的车站、购物中心以及文化广场等地区集中放置大型的电子图书阅读机，读者只需要一部智能手机，下载相应的电子阅读平台 APP，就能借助扫码直接阅读。这个过程十分简单，只需要几秒钟就能下载完毕，并且完成随时性阅读目标。在跨界合作体系中，公共图书馆作为资源的提供者，要结合实际情况和需求进行统筹分析和系统化整理，完善信息传递需求的同时，落实更加有效的空间处理体系，确保人们能借助闲暇时间进行轻松阅读，有效寻求突破。跨界合作结构中，充分发挥"互联网+"的优势和时代特征，建构更加多维且全面的阅读服务模式，提升一站式阅读体验，为后续工作的全面开展奠定坚实基础。正是借助这种协作化的合作机制，建立互联网结构下的公共图书馆推广管理措施，维护"互联网+"时代下阅读效果的升级。

（四）建立"互联网+"阅读推广路径

在公共图书管理阅读推广项目中，要想真正发挥"互联网+"的优势，就要整合营销机制，实现推广活动和信息的完整性目标。只有推广营销模式和多样性结构，才能在显著提升读者关注度的同时，维护阶段性营销效果。

一方面，建构微博营销路径。目前，微博作为信息传递以及发布较快的公众平台，人们在访问信息以及查询信息的过程中，还能对信息进行评论和转发等，真正实现了互动行为的实效性。在信息聚合以及传播速度共同建立以及维系的过程中，整合公共图书馆实际需求的同时，也为阅读推广工作的全面开展奠定了坚实基础。地方公共图书馆能借助微博建立书展、论坛以及读书推荐活动，提高推广效率和传播水平。

另一方面，建构微信营销路径，主要是指公共图书馆要开设微信公众号，建立定期群发短信机制，保证主页面具备关键词搜索和导航式菜单，以提高阅读效率和公共图书馆资源整合水平，建构活动通知结构，完善微信营销的整体水平。

除此之外，还要整合大数据阅读推广机制，在互联网技术不断发展的背景下，人们借助网络获取信息的同时，也能在公共图书馆了解读者的基本需求，从而建构更加系统化的读者数据库，借助读者注册的基本信息以及借阅信息，整合数据建立健全系统化的推送机制，深度挖掘读者的阅读需求。借助相应的营销推广手段，完善个性化服务水平，完善智能化阅读推广措施的完整程度，为后续技术分析以及阅读管理水平提升奠定坚实基础。

总而言之，在"互联网+"时代背景下，公共图书馆要充分发挥信息技术的优势，尤其是对移动互联网的管理工作，要整合阅读效能和管理需求，建构阅读型知识型全民阅读机制，并且提高阅读综合水平。实现"互联网+"背景下阅读的常态化需求，整合时代图书阅读特征的同时，确保新媒体平台的维护工作能满足实际推广需求，推广更加丰富的阅读活动，将阅读转变为生活常态习惯。

第五节　人工智能阅读与公共图书馆阅读推广

随着人工智能时代的到来，人工智能在教育、出版领域的应用，革新着传统的阅读方式，驱动着人工智能阅读的产生和发展，进而对公共图书馆的阅读推广工作提出了新的要求。公共图书馆开展人工智能阅读推广的关键就在于阅读推广场景的构建与实现。公共图书馆人工智能阅读推广的场景可以分为陪伴式阅读推广场景、自适应阅读推广场景、游戏化阅读推广场景等。

微软亚洲研究院的 R-NET、阿里巴巴的 iDST 在 SQuAD 机器阅读理解挑战赛上精准匹配（ExactMatch，EM）达到 82.650、82.440 的好成绩，人工智能（AI）首次在 EM 指标上超越了人类在 2016 年创下的 82.304 的纪录。这一突破标志着 "AI 阅读" 时代的到来，也预示着 AI 将会为人类带来能够解决复杂问题并回答难题的更先进的机器人和自动化系统。在社会应用层面，AI 的快速发展其实让社会民众对 AI 的应用已不再陌生，特别是随着我国将 AI 上升到国家战略高度以来，AI 的应用与突破让人目不暇接。AI 机器阅读的这一突破也引起了包括公共图书馆等社会阅读推广机构对如何更好地开展用户阅读推广、提升阅读效能的思考，并对 AI 机器视觉、语音识别、语义理解等在阅读推广的深度应用充满了期待。

一、AI 阅读已成为一种发展趋势

2018 年 4 月 16 日，2018 中国数字阅读大会人工智能峰会——《AI 赋能阅读》在杭州举行，与会的全国优秀 AI 专家、创业者、出版专家、媒体人就 AI 让数字阅读内容和阅读方式更加个性化、智能化，AI 支持数字阅读全双工交互、多轮对话、所见即可说，利用 AI 增强现有数字阅读体验、增加新的体验场景和内容把控，"AI+" 内容实现精准预测新闻和推送等领域进行了交流，共同探索了 AI 与阅读文化的无限可能。

（一)AI 阅读发展的驱动应用

AlphaGo 战胜李世石事件的发生、VR/AR(仿真实验)、数据可视与洞察、认知计算（复杂决策辅助）、情感计算（学生情绪反馈）、高级机器人技术（陪伴教育机器人）、基因技术（天赋检测）在多个教育场景中的积极探索应用，都预示着下一波教育的核心驱动来自以人工智能为核心的 "科技 + 教研创新" 的融合，并朝着智能化方向发展，以保证学习效果、提高教育资源供给、实现教育公平。在这一发展态势下，AI 教育浪潮席卷而来。2018 年 4 月 10 日，教育部发布了《高等学校人工智能创新行动计划》，该计划提出将致力于中小学、高校等多层次教育体系未来形成 "人工智能 +X" 的复合型专业培养新模式建设。同时，一批 AI 教育实践也精彩纷呈，在基于个性化学习、虚拟学习助手、商业智能化、专家系统等四大应用场景的基础上形成了个性化学习、自动问答辅导与答疑、智能测评、模拟和游戏化教学、教育决策、幼儿早教机器人等应用领域。如在智能测评领域，国家 863 计划的"基于大数据的类人智能关键技术与系统"阶段性成果构建的"讯飞教育超脑"借助大数据、文字识别、语音识别、语义识别等技术，使得规模化的自动批改和个性化反馈走向现实，目前已在全国 70% 地市、1 万多所学校应用。

在出版领域，HelloCode 联合亚马逊中国推出的 AI 系列教材《从编程思维到人工智能：编程超有趣》Kindle 电子书，以趣味性的故事情节和专业的 AI 知识引导青少年学习编程，该电子书的出版也标志着出版领域的 AI 革新到来。但不论是 AI 在教育还是出版领域的革新影响与应用，于知识供应、传递链下游的阅读而言都是革新驱动。如语音识别、图像识别等技术应用对阅读行为中信息获取的方式影响、自然语言理解技术应用对人们阅读行为中信息需求的准确表达影响、深度学习技术应用对阅读内容对用户需求的精准匹配影响等。

（二）AI 影响下的阅读变革

业界一致认为，AI 的发展由计算智能阶段、感知智能阶段和认知智能阶段三大阶段组成，目前正处于第二个发展阶段，即感知智能阶段，AI 可以看懂听懂，并做出判断、采取行动，帮助人类完成看和听的相关工作。在这一阶段的 AI 应用又分为三个层面：第一个层面为运算智能，指的是机械能存会算；第二个层面是感知智能和运动智能，让机械能听会说，能看会认；第三个层面则是能理解会思考，AI 可以通过自然交互、智能学习助推阅读行业进行改变。显然，对人类的阅读来说，AI 将进一步推进信息的获取，使得阅读所需要获得的信息可通过即听即见（自动将语音实时转换成文字）、智能协作（通过人工智能的方式，由机器来协助作者进行相应的校稿）和智能创作（通过机器人对大数据判断将情感赋予到创作当中）等更多更好的承载方式。

从 AI 对阅读思维的变革来看，首先，AI 阅读将跨越时空的限制。AI 通过依赖优质的内容和场景应用，让时空不再限制人类对阅读的多器官感知。其次，AI 让全方位多感官感知成为一种常规体验。机器语言处理、自然语言理解、信息抽取与知识挖掘、搜索引擎、语音识别等技术将让 AI 阅读成为一种越来越接近人类语言理解和人脑处理的多感官交流体验，从单一感官感知的单向知识信息传递向基于多器官感知和体验、双向的信息互动乃至信息交流方向发展，最终实现真正的人性化、个性化智慧服务。最后，AI 阅读不只是一种信息传递与获取行为，而更是一种生态构建。这是因为传统的阅读方式只是人类获取知识的信息行为，发展至数字阅读时代也都不曾改变，而借助于智慧阅读平台或阅读场景的 AI 阅读，其构建了一种涉及内容审核、AI 实时评估、AI 辅助创作、AI 客服、文字识别、闪念存储、内容速度拆解、关联阅读、娱乐阅读、用户声音 UGC 等技术处理环节的"AI 阅读"生态。

二、AI 赋能的公共图书馆阅读推广

作为计算机科学的一个分支，AI 是研究人类智能活动的规律，构造具有一定机器智能的人工系统，研究如何让计算机去完成以往需要人的智力才能胜任的工作，也就是研究如何应用计算机的软硬件来模拟人类某些智能行为的基本理论、方法和技术。从 AI 在教育、出版领域的应用及驱动产生的 AI 阅读变革来看，我们需要对传统的劳动密集型、知识集约型阅读重新定义，并据此对公共图书馆的阅读推广做出新的研判与变革。

（一）AI 让公共图书馆阅读推广成为无限可能

公共图书馆承担的阅读推广职责不但是现代公共图书馆存在的价值之一之所在，也体现在了近年来制定颁布的一系列法规、规程中。如《公共图书馆法》第三十三条规定公共图书馆应当按照平等、开放、共享的要求向社会公众提供阅读推广等服务，明确指出"公共图书馆应当通过开展阅读指导、读书交流、演讲诵读、图书互换共享等活动，推广全民阅读"。《普通高等学校公共图书馆规程》第三十二条明确规定"公共图书馆应积极参与校园文化建设，积极采用新媒体，开展阅读推广等文化活动"。在信息时代、知识时代，公共图书馆一直都是阅读推广的坚定执行者，AI 时代的到来，则进一步拓宽了公共图书馆阅读推广的边界，赋予了公共图书馆阅读推广无限可能。如 AI 让公共图书馆阅读推广鼓励读者自己建立学习单位、进行主题式的探究学习；AI 让公共图书馆阅读推广进一步打破了空间、时间限制，把学习、阅读场所延伸至任何一个空间和时间；AI 让公共图书馆的阅读推广拓宽了知识来源，公共图书馆馆员和公共图书馆在 AI 阅读推广中也一起成长与发展；驱动公共图书馆在 AI 新技术的帮助之下，探索更多的阅读形式，如阅读的游戏化、阅读的 VAR 体验等；AI 让公共图书馆阅读推广更加关注用户的个人体验，并通过对读者的阅读创造性思维成果进行评估来改进阅读推广方式等。

（二）公共图书馆 AI 阅读推广场景的构建与实现

有学者认为，AI 时代，场景落地和技术研发是关键。中国科学院自动化研究所所长徐波也认为，AI 需要各个领域去构建应用场景。公共图书馆 AI 应用场景构建可以分为时间场景构建与空间场景构建两个维度，但从构建的类型来看，则可以分为陪伴式阅读推广场景、自适应阅读推广场景、游戏化阅读推广场景等的构建。

1.陪伴式阅读推广场景

陪伴式的阅读学习一直是传统的家庭阅读推广、校园阅读推广所强调的，而 AI 技术则通过对虚拟情景的角色设置，能让读者在阅读学习中寻找到一位"小伙伴"，其不仅能虚拟助读和陪练、相互鼓励和启发，更能通过对读后效果的分析与测算、反馈从而提升用户的阅读效果。如想象力英语是由美国少儿英语教学专家、儿童心理学家、前好莱坞团队、IT 专家联袂打造的，其通过让孩子体验真实生活、学习情景中如何运用语言，让"小同伴"

与孩子一起阅读学习，相互鼓励启发。又如"音乐笔记"就是音乐教育领域的陪练机器人，其通过智能腕带和 APP 结合，利用可穿戴设备和视频传感器，对钢琴演奏的数据进行实时采集分析，并将练习效果反馈和评价呈现给用户。公共图书馆可以借鉴上述案例，通过第三方平台如 APP 的开发与应用，为公共图书馆用户的阅读推广构建陪伴式阅读场景，并提供诸如机器答疑、智能提醒、成长定制、内容推送、读后效果测算等，让公共图书馆的用户在智能陪伴下进行阅读与学习。

2. 自适应阅读推广场景

自适应阅读就是通过 AI 算法，将获取到的用户阅读学习的数据分析反馈给用户，并可以通过知识图谱等方式进行呈现，以为用户提供个性化维度和个性化节奏的阅读内容、阅读进度与阅读方式，从而提高用户的阅读效率和学习效果。传统的阅读推广如书目推荐等是一种粗放型的资源组织与推送，难以做到自适应阅读，强调的以个人为单位进行的阅读内容、阅读进度计算与推荐，阅读内容与测评内容的个性化程度不高。公共图书馆可以借鉴 AI 在教育等领域的典型场景应用，在现有下一代资源发现平台、公共图书馆智慧服务平台、机构一站式服务系统的基础上进行基于用户阅读场景构建的升级与改造，通过基于用户阅读行为等大数据分析的用户画像构建，为用户提供一个包含了如知识图谱、图像识别、语言识别、智能翻译、自然语言集成化处理等数据服务、智慧服务等内容的公共图书馆智慧阅读服务平台，构建 AI 时代的自适应阅读场景。

3. 游戏化阅读推广场景

AI、VAR 等技术的发展让人类对未来生活的虚拟化、游戏化呈现与体验不再困难。VR 游戏通过搭建虚拟环境系统，配合游戏道具，可以让玩家得到更加真实的"线上 + 线下"的沉浸感体验和服务感知，用户可以在一定的空间内通过包括嗅觉、味觉、触觉、听觉和视觉的多器官刺激，以及 360 度全方位的移动、奔跑、瞄准、射击等动作，提升用户更加真实和刺激的体验效果。其实公共图书馆已在阅读推广的多个场景构建方面尝试了诸多的游戏化实现、链接方式。AI 在出版领域的应用，也为公共图书馆 AI 游戏化阅读推广场景的构建提供了实现的基础。如国际知名的童书出版机构 NOSYCROW 出版的《小红帽》的电子书。在这个故事里，孩子可以帮助小红帽做会影响到故事结尾的决定，而不同的花朵代表不同的路径，也许会邂逅美丽的鸟儿，也许会有其他的惊喜，最终到达目的地。通过这些游戏化的互动，孩子能够很好地开始他们的探索求知，让孩子们更亲近阅读。公共图书馆可以借鉴和进一步深化 AI 的游戏化应用，通过技术的应用和商业化平台引进等方式升级、丰富这些"线上 + 线下"场景的构建方式与服务内容，为公共图书馆的阅读推广注入更大的活力与吸引力。

从场景的构建要素来看，罗伯特·斯考伯和谢尔·伊斯雷尔在其所著的《即将到来的场景时代》中指出的场景时代五要素，包括大数据、移动设备、社交媒体、传感器、定位系统（该书作者将其简称为"场景五力"）。我国公共图书馆学研究者则在区别场景要素和场景服务的基础上提出场景服务的核心要素，即用户与用户行为、空间与环境、社交氛围、体验、链接、数据、设备。AI 时代的公共图书馆阅读推广场景也可以借鉴此要素去构建，这也是未来公共图书馆 AI 阅读推广的研究方向之一。

AI 阅读，就是借助 AI 技术，使得阅读所需要获得的信息可通过即听即见（自动将语音实时转换成文字）、智能协作（通过人工智能的方式，由机器来协助作者进行相应的校稿）和智能创作（通过机器人对大数据判断将情感赋予到创作当中）等更多更好的承载方式实现阅读的 AI 化。公共图书馆 AI 阅读推广，就是要聚焦场景，设计出能够发挥公共图书馆馆藏内容优势的场景。阅读推广的场景可以是智慧阅读平台，帮助用户实现个人单位的阅读管理、评估、定制等，也可以是阅读评估系统，通过大数据分析评价用户的阅读能力，并将其数据反馈给用户进行个人的阅读计划、阅读内容和阅读选择改变，以及上游的出版社改良自己的出版产品，并最终驱动教育改变自己的教育生态。同时，在改变上游出版产品和整个教育生态的过程中，由于 AI 更能很好地理解人的情绪和思维，故公共图书馆 AI 阅读推广不仅能实现对用户需求的精准化匹配推送，更能通过推广服务内容的精准化实现对用户的情绪管理和思维引导，让用户进一步加深对阅读内容的理解和对人工智能思维的培养。

第八章　公共图书馆的读者推广与利用

第一节　公共图书馆阅读推广模式

在人类的科技进化到能够通过"注入"或遗传方式直接获取别人的知识之前，阅读是最重要和最主要的由社会知识转化为个人知识的途径。公共图书馆作为传统社会中社会知识的主要保存地和集散地，对阅读的巨大作用和意义难以估量。从某种程度上说，公共图书馆是为了阅读而存在的，而阅读也因为有了公共图书馆而得以持续和丰富。

在数字时代，人们的阅读行为正随着知识载体和传播方式的变化而发生巨大的变化，阅读方式、阅读对象、阅读结构和阅读规模等四个方面早已今非昔比、日新月异，取而代之的移动阅读、全媒体阅读、碎片化阅读和社会化阅读正在成为一种潮流和趋势，人们也越来越注重阅读体验。公共图书馆不得不随之转型，一方面继续维护着人类有史以来珍贵的文字遗产，成为传统阅读的保留地；另一方面又要努力跻身数字阅读开拓者的角色。目前正在兴起的各类与网络阅读、移动阅读、社会化阅读有关的阅读模式，让我们看到了公共图书馆在数字时代依然丰饶，依然厚重，不可或缺并大有可为，公共图书馆正在使阅读变得更加精彩。

一、阅读推广理念

阅读推广活动从本质上可以归结为一种传播活动，符合传播学的一般原理。很多传播学理论可供公共图书馆阅读推广借鉴参考，例如卢因的守门人理论、施拉姆的传播模式论和霍夫兰的个人差异论等。特别是著名的拉斯韦尔五 W 模式理论，将传播过程分为五类要素：Who（谁）、SaysWhat（说了什么）、InWhichChannel（通过什么渠道）、ToWhom（向谁说）以及 WithWhatEffect（有什么效果），这一理论不仅是很多传播学模式的基础，也完全能够用来总结和解释公共图书馆阅读推广的整个过程。

根据传播学理论，任何阅读推广活动，不外是对推广主体、阅读者、阅读对象以及推广媒介等要素在一定时空范围内进行一定的设计、组合、组织和配置的结果，通过它们之间的相互作用，达成诸如"促进知识分享、提升精神层次、获得有用信息以及愉悦身心"

等阅读目的。据此，阅读推广所涉及的诸要素可以做如下分析：

（一）Who 的问题

阅读推广主体回答的是"谁来进行阅读推广"（Who）的问题。它可以是任何社会组织或个人，如政府机构、出版社、读者俱乐部、民间团体、名家名人等，本节主要探讨公共图书馆的阅读推广活动，因此主要以公共图书馆作为主体进行研究阐释。

（二）ToWhom 的问题

阅读者解决"向谁推广阅读"（ToWhom）的问题，是公共图书馆等主体希望施加影响产生效果或达到目的的对象。例如普通市民、少年儿童、残障人士或其他任何特定人群。他们虽然是阅读推广活动的客体，却是阅读的主体以及阅读活动最重要的参与者，他们是公共图书馆赖以生存的基础。正由于公共图书馆面临着读者在数字时代不断流失的危险，阅读推广才显得尤为重要。

（三）SaysWhat 的问题

阅读对象主要是指阅读的客体，解决的是"推广什么"（SaysWhat）的问题。阅读对象通常是各类文献，包括图书等传统文献、以数字媒体形式出现的各种载体，及近年来还出现了把"人"作为"阅读对象"（如 LivingLibrary）等。

（四）InwhichChannel 的问题

推广媒介即是指用以开展推广活动的文案、工具、平台、媒体等，解决的是手段问题（InwhichChannel）。常用的如推荐书目、书评书摘、导读文章、新书推介、电视节目、媒体报道、网络短片等，近年来还兴起了通过网站、QQ 群、圈子（社会网络）、微博等载体进行推广。

（五）推广设施

推广设施即与阅读推广活动密切相关的物质条件或硬件系统等，是推广手段（InWhichChannel1）的重要组成部分。如流动公共图书馆、自助公共图书馆、自助借还设备、书报亭、电子书阅读器、平板电脑等等。正是这些特殊的设施设备，体现了公共图书馆阅读推广的特殊性和创造力。

目前，阅读推广的效果评估是比较薄弱的环节之一，应用上述传播学理论和模型正可以在这个方面进行借鉴和加强，以取得更好的效益，更好地实现各类阅读推广活动的目的。

传统公共图书馆的阅读推广活动有着丰富的形式，如读书节、读书会、征文比赛、知识竞赛、阅读论坛、推介展览、名家解读、立体阅读、图书漂流、评选阅读达人、举办晒书会等等，都可以采用该模型进行分析比较，取得优化提高。到了数字时代许多新的阅读推广模式开始崭露头角，所涉及的因素更为复杂但是万变不离其宗，依然可以运用上述模型进行分析。

公共图书馆的阅读推广活动只有在应用和总结了一定的理论之后才能得到实质的进步

和本质的提升，这同样的道理在大众传播领域的发展已得到了很好的印证。

二、阅读推广模式及案例

（一）社会化媒体推广模式

人们一般将基于社会性网络（SNS）的 web2.0 应用称为社会化媒体，典型的如博客、微播客、维基社交网络和内容区（如豆瓣、优酷）等。近年来随着公共图书馆 2.0 的发展，越来越多的公共图书馆开始应用社会性网络进行阅读推广，如清华大学在人人网上成立公共图书馆俱乐部——清华大学公共图书馆校友会等。我们可以把利用社会化媒体进行阅读推广的模式统称为"社会化媒体推广模式"。下面以首都公共图书馆利用微博的实践为例，管窥如何借力社会化媒体开展阅读推广。

案例：首都公共图书馆利用微博参与"图书交换大集"

2011 年 4 月，首都公共图书馆将"分享阅读"系列阅读推广活动之一的"图书交换大集"活动搬上了微博平台，并且在新浪微博中创建了"首都公共图书馆图书交换大集"的"微活动"。首都公共图书馆和活动参与者利用微博平台互动与呼应，不断发布与上传活动的文字与图像等。据笔者的统计，有关"图书交换大集"的新浪微博共发布 238 条。而这期间，首图微博"粉丝"人数也从不到 1000 人迅速飙升到 20000 多人。

在利用微博宣传的同时，首都公共图书馆利用豆瓣网和同城网等多种社会化媒体工具协同开展宣传攻势，进行同步推广。截至 4 月 22 日，共有 350 余名读者交换书刊 3000 余册。

23 日当天，收到的交换图书总量共 6000 余册，全程累计 1000 名读者参与其中，人民日报、中国青年报、北京日报及中华读书报等媒体也都对此次活动予以了专题报道，取得了超出预料的良好效果。

正如首都公共图书馆负责人对这一活动的总结："我们不遗余力地利用微博等新手段、新渠道来扩大公共图书馆的影响力，就是要改变人们的这种印象，吸引更多人尤其是年轻一代走进公共图书馆、利用公共图书馆。"

首都公共图书馆"图书交换大集"的成功举办，是公共图书馆运用微博等社会化媒体进行阅读推广的经典案例。该案例模式，就是以首都公共图书馆为推广主体，以微博为推广媒介，以广大的普通市民为阅读者，通过图书交换进行交友交流，并阅读到更多的图书。这类模式中，公共图书馆工作人员一般作为推广主体，网民是客体，社会性网络工具作为媒介平台，推广图书、阅读资讯及服务，取得了良好的社会反响。

近年来，微博大爆发"领跑"网络应用，而微博在公共图书馆界的应用也迅速普及，如国家公共图书馆、杭州公共图书馆等公共图书馆，重庆大学、清华大学等学校公共图书馆、立人公共图书馆等民间公共图书馆均纷纷开通了微博。

以杭州公共图书馆为例，2010 年 12 月开通新浪微博之后，截至 2011 年 8 月底，共拥有了 9400 多位粉丝，共发送微博信息 3356 条，平均每日发布微博十几条，其中不少内容都是进行图书推荐、好书介绍、讲座和书展等的推介。与此同时，不少公共图书馆的馆长也加入了使用微博的行列。如复旦大学公共图书馆馆长葛剑雄教授开通新浪微博一年半的时间共发博 800 余条，粉丝群超过 10 万人之众，使得其微博成为一个巨大的发布平台、媒体平台与社交平台，就公共图书馆管理与建设等问题与读者频繁互动，有力地宣传与推广了公共图书馆。

社会化媒体推广模式严格来说还没有形成固定的模式，除微博外，开设博客、维基，在人人网、Facebook、土豆、豆瓣或第二人生里开设账号等，很多公共图书馆都进行过不少尝试，但目前效果最好的、使用最普遍的还是微博。无论如何，社会化媒体推广正在受到年轻读者的普遍欢迎，值得积极探索。

（二）电子阅读器借阅模式

中国新闻出版研究院发布了第十九次全国国民阅读调查结果。报告指出，2021 年，我国成年国民的人均纸质图书阅读量为 4.76 本，电子书阅读量为 3.3 本，均较上一年有所提升。2021 年我国成年国民各媒介综合阅读率持续稳定增长。2021 年，我国成年国民包括书报刊和数字出版物在内的各种媒介的综合阅读率为 81.6%，较上一年提升了 0.3 个百分点，保持稳定增长。其中，图书阅读率为 59.7%，数字化阅读方式接触率为 79.6%，均较 2020 年有所增长。报纸阅读率为 24.6%，期刊阅读率为 18.4%，均较 2020 年有所下降。我国成年国民人均纸书阅读量为 4.76 本。2021 年，我国成年国民人均纸质图书阅读量为 4.76 本，高于 2020 年的 4.70 本，人均每天读书时间为 21.05 分钟，比 2020 年增加 1.01 分钟。45.6% 的成年国民倾向于"拿一本纸质图书阅读"，11.9% 的成年国民年均阅读 10 本及以上纸质图书。我国城镇居民的图书阅读率为 68.5%，农村居民的图书阅读率为 50.0%。近八成国民手机阅读超三成国民养成听书习惯在我国成年数字化阅读方式接触者中，60 周岁及以上人群占 7.2%，18—59 周岁人群占 92.8%。77.4% 的成年国民进行过手机阅读，人均每天接触手机时长为 101.12 分钟。32.7% 的成年国民养成了"听书"的习惯。人均电子书阅读量为 3.30 本。0—17 周岁未成年人阅读向好。2021 年，我国 0—17 周岁未成年人阅读向好，人均图书阅读量为 10.93 本，比上一年增加了 0.22 本，平均每天阅读时长也有所增加。在 0—8 周岁儿童家庭中，平时有陪孩子读书习惯的家庭达到 73.2%，较上一年提高了 1.5%。电子阅读器外借服务的推出，直接推动了电子图书的阅读，有效地提高了公共图书馆文献的使用率。目前，上海公共图书馆可外借的电子阅读器库存量是 360 台，但阅读器的外借供不应求，外借率甚至一度达到 100%，每台阅读器后面都有人在等候排队，有的读者宁愿付逾期费也不愿意及时归还。

正如上海公共图书馆副馆长周德明所言，推出数字移动阅读器外借服务，"主要是让读者多读书、读好书"，让读者足不出户、借阅图书。

该案例以上海公共图书馆为推广主体，以电子阅读器为推广媒介，以能满足一定条件的读者（拥有参考阅览证的读者）为阅读者，让读者体验数字阅读，提高信息素养，弥合数字鸿沟。无论是满足读者尝鲜的愿望，或者是比较不同阅读器的使用方法，还是解决一些弱势群体读电子书的需求，电子阅读器外借服务的推出，突破了传统外借文献载体和形式的制约，满足了不同人群的阅读需求，不失为一种新型的阅读推广模式。

外借电子阅读器业务在公共图书馆界曾经有过一些争论，但目前电子阅读器的外借服务已经成为很多公共图书馆的通行做法，使得这种模式具有了一定的普遍意义。国内，继上海公共图书馆之后，另有国家公共图书馆、广州公共图书馆、暨南大学公共图书馆等也纷纷推出了电子阅读器的外借服务。

该模式在实践中也遇到了一些问题，如碍于有关部门的管理规定，公共图书馆常常无法将电子阅读器当作信息资源进行采购，所提供的电子阅读器数量有限，存在品牌与型号都供不应求的现象。还有损坏的赔偿问题、内容的数字版权管理的限制问题、电子书平台的互操作问题等等。

目前，提供外借的电子阅读器数量和种类正在不断增加，供阅读的电子书也更易获得，如美国已有亚马逊公司通过 11000 家公共图书馆向用户提供规模化的电子书借阅业务。电子阅读器借阅模式的崛起，将可以更有效地推广阅读服务，更好地提高公共图书馆的服务能级。

（三）移动公共图书馆推广模式

移动公共图书馆是指通过智能手机、Kindle、iPad、Mp3/Mp4、PSP 等移动终端设备（手持设备）访问公共图书馆资源、进行阅读和业务查询的一种服务方式。与上述"电子阅读器借阅模式"所不同的是，移动公共图书馆注重的是数字化内容的推介，阅读器之类的移动设备在这里只是一种推广工具（设施），其负载的数字化内容才是推广的最终目的。移动公共图书馆能够整合不同的平台，打破内容的瓶颈，提供不竭的资源，真正使阅读无所不在。因此移动公共图书馆服务应该是未来公共图书馆阅读推广的主要阵地。

案例：首都图书馆大兴机场分馆移动公共图书馆服务

首都图书馆大兴机场分馆（以下简称大兴机场分馆）是运行在航空枢纽机场中的小型公共图书馆。1 万余册馆藏文献从首都图书馆的馆舍内"走出"，来到了旅客年吞吐量突破 1000 万人次、单口客流量突破 10 万人次的大兴机场航站楼中。大兴机场分馆具有阅读空间开放化、服务人群多样化、移动服务需求旺盛的特点。手机移动端的文献流通工作站能有效避免人群聚集，符合防疫要求；途经大兴机场公馆后不同移动轨迹的读者也是邮寄还书服务的潜在使用者，适合开展文献流通移动服务。约还书"的含义。此前，上海图书馆在馆舍内进行了手机扫码借阅的实践；苏州图书馆在移动端开展了图书网借的方式；首都图书馆在移动端实现了文献预约到馆取书服务，大兴机场分馆的读者可在 APP 中预约其他图书馆的文献，读者可选择到大兴机场分馆取书。大兴机场分馆基于移动端开展的"移动借阅"和"预约还书"服务与上述服务有所不同，将"移动借阅"服务定义为：在大兴机场分馆开放的服务空间中，读者使用手机移动应用扫描书籍的馆藏条形码即可完成文献借阅的方式；将"预约还书"服务定义为：在快递服务的指定范围内，读者从大兴机场分馆借出的文献，可通过手机移动应用进行还书预约，快递员根据预约订单上门收取文献并将文献快递回指定地点进行还书的方式。

近年来，国内有不少公共图书馆也陆续开展了移动公共图书馆服务。如清华大学的移动公共图书馆测试及国家公共图书馆的"掌上国图"等。值得说明的是，目前的移动公共图书馆在功能、性能、稳定性、支持的设备和用户体验方面与数年前推出的同名服务已不可同日而语。当年的移动公共图书馆主要是通过短信平台向读者推送借书到期、预约借书等提醒服务和信息公告等内容，或者是极其简单、用户体验不是很好的 WAP 网关访问，而目前的移动公共图书馆主要是在手持设备上检索（甚至跨库检索）和查看公共图书馆内的各类数字化资源，包括中外文图书、期刊及学位论文全文阅读等，真正实现了移动阅读。毋庸置疑，目前的移动公共图书馆，正在与各类网络应用双向融合，但结合 Web2.0 的交互式功能和用户创建内容方面，还有一定的改进空间。

在移动阅读方面，一些以盈利为目的的信息内容提供商觊觎已久，甚至捷足先登，如亚马逊网上书店、"GoogleBooks"、新浪"读书"、盛大"云中书城"以及不可胜数的各类频道和 APPs 应用等，涌现了各种商务模式。而公共图书馆作为保障知识公平获取、提供普遍均等服务的公益性组织，与这些服务并没有利益上的冲突，完全可以开展与信息内容提供商的合作。

上述三种推广模式，虽然推广的媒介不同，针对的阅读群体不同，推广的方式方法也有很大差别，但其推广的目的一致，都是为了促进各类文献资源的利用，扩大阅读的受众，让读者更多地利用公共图书馆，更便利地获取信息资源。

与传统阅读相比，数字时代的阅读在方式、途径、规模和特征上都呈现出巨大的不同，其推广方式也应有相应的改变。其中最大的不同在于内容与载体的分离，造成各种阅读介质（以及传播渠道）之间存在复杂的竞争关系，同样的内容能以多种不同的形式，经由不同的媒介，通过不同的渠道传递给用户。公共图书馆不得不首先应付这些载体与媒介，为读者进行选择和整合。从上述阅读推广的例子都可以看到信息内容和载体（包括渠道）所呈现的这种复杂关系。

随着数字阅读相关技术的普及和各类应用的普遍开展，更多更好的阅读推广模式将会不断呈现。而公共图书馆能否像在传统社会中一样，继续做好知识中介和看门人的角色，在很大程度上依赖于公共图书馆的阅读推广工作，以及能否从中获取足够的经验，不断改进和完善公共图书馆的服务。凯文·凯利说，在数字时代，图书并没有死，只是换了一种活法而已。问题的关键在于我们怎样定义图书。图书作为阅读的对象，一直是人类理性的固化和智慧的积淀，载体只是其外形，内容才是它的根本。因此，数字时代所带来的绝不是阅读的末日，而是阅读获得重生的机会，使阅读拥有了更为自由的翅膀。我们研究数字时代公共图书馆的阅读推广模式，就是要打造飞翔的翅膀，让读者在阅读的天空中更加自由地翱翔。

（四）基于网络读者活动的阅读推广模式

数字化阅读作为一种全新的绿色阅读形式，正在改变着人们的阅读习惯。公共图书馆本身具有的功能很多，资源也很丰富，但是因为缺少宣传与推广，许多优秀的数字资源没有得到用户有效地利用，造成了资源的浪费。因此，做好公共图书馆的阅读推广工作，帮助读者了解公共图书馆的功能、性质和作用，让越来越多的读者走进公共图书馆，更充分、更自主、更便利地使用丰富的数字资源显得尤为重要。近年来，笔者一直致力于网络读者活动的研究与实践，尝试将传统的读书活动进行数字化操作，利用网络来开展形式多样的读书活动。此举不但使广大参与者感受到了网络的便捷，同时也提高了读者的信息化素养，让他们在活动中更直接、更系统地认识了公共图书馆，并逐渐成为公共图书馆的忠实读者。

1. 网络读者活动的特点

网络读者活动就是依托网络平台，将传统读者活动移至网站上开展的读者活动。与传统读者活动相比，网络环境下信息传递速度快、影响面广，读者活动发生了鲜明的变化。

①覆盖面广：传统读者活动中，读者往往是通过广播、电视、报纸等新闻媒体、公共图书馆的阵地宣传及读者口口相传的传统信息传播方式获取活动信息，信息受众具有较大的局限性，活动覆盖面通常局限于本地区。而在网络环境下，读者活动信息是通过公共图书馆网站来发布的，读者只要登录网站，即可浏览到公共图书馆的读者活动信息，不受时间和地域的限制。以鞍山市公共图书馆为例，参加活动的读者范围不仅包括鞍山本地，更有许多省内其他城市甚至有甘肃、江苏、安徽等外省读者参加。

②手段现代化：网络的出现打破了读者活动在时间、空间上的局限，网络读者活动的组织可借助网络视听设备、信息传输设备等现代化设备进行，只需一个终端设备，用户就可以在任何时间、任何地点登录公共图书馆网站，浏览活动信息，根据个人喜好参加相应的读者活动。同时，网络平台也为馆员与读者提供了更广阔的交流空间，工作人员以公共图书馆为平台，利用邮箱、MSN、论坛、QQ群等就可以同时与多位在线读者就活动有关细节进行沟通交流；通过网络，读者可以足不出户，通过邮箱、论坛、博客、微博等方式提交个人信息和活动反馈信息。

③形式多样化：网络环境下的读者活动形式同样丰富多彩。所有传统读者活动内容都可以在网上实现，如传统的征文比赛、展览、书画比赛、讲座、报告会、读者调查问卷等，还可根据互联网的优势，策划、组织网页设计比赛、知识竞赛、视频展播等活动。如鞍山市公共图书馆2012年全民阅读活动中的"我阅读、我快乐"有奖知识竞赛、"阅读、让我们的生活更美好"主题征文、"我看数字阅读"主题调查活动等都是通过网络进行的，并取得了较好的宣传效果。

④投入成本低：与传统读者活动相比，网络读者活动投入的成本更低。省去了报纸广播的广告费、活动通知等资料的印刷费、交通费、信函邮寄费、电话费等经费的投入，节约了活动成本。

⑤互动性强：网络活动具有较强的互动性。活动过程中，读者随时可以通过网络通信就活动的有关问题和工作人员进行沟通，并可以随时关注活动的进展情况及提出自己的建议和意见。

2. 网络读者活动在公共图书馆阅读推广中的作用

①吸引读者利用公共图书馆资源：读者通过参加网络读者活动，可以了解公共图书馆的资源、利用方式和发展情况。如鞍山公共图书馆网站的统一检索平台已被读者广泛利用，用户通过这一平台，可以检索到本馆收藏的所有数字文献。2012 年公共图书馆服务宣传周期间，鞍山公共图书馆在网站上开展了"经典伴我成长"图书漂流和电子图书推荐活动，读者在参与活动过程中便会发现，除了活动书籍外，还有更丰富的电子期刊、电子图书、网上报告厅等数字资源可供检索使用，亲身感受到"网络时代"已经来到自己身边，大大提高了公共图书馆数字资源的利用率。开展网上读书活动是向社会广泛宣传公共图书馆的一种有效途径。

②壮大读者队伍，提高公共图书馆的社会认知度：公共图书馆开展传统的读书活动常常受到时间、地域、参加者年龄等因素制约，活动对象以学生和老人为主。而在网上开展读书活动，就能接受更多的群体参与。社区居民、在职职工、学生等各行各业、各个层次的读者都可以根据自己的时间安排参加活动。以鞍山公共图书馆为例，2011—2012 年，共开展各类网络读者活动 32 次，参加读者近 10000 人次，参与读者年龄以 20 ~ 45 岁读者居多，占活动总人次的 60% 以上，读者通过活动了解公共图书馆、走进公共图书馆，并利用公共图书馆。利用网络开展活动，为更多的读者参与公共图书馆读书活动提供了方便，也使更多的人加入到公共图书馆读者队伍中来。鞍山公共图书馆在网站上建立了"鞍山市公共图书馆读者活动 QQ 群"，读者和工作人员在 QQ 群里进行沟通、交流、解答咨询，开展信息服务并开展图书漂流、书评等活动，如今 QQ 群在不断扩大，成员已达 200 余人，并已成为本馆读者活动的积极分子和公共图书馆服务的义务宣传员。从而进一步扩大了公共图书馆的社会认知度，壮大了读者的队伍。

③有效宣传推广公共图书馆和数字资源：利用网络活动直接宣传公共图书馆和数字资源是公共图书馆阅读推广最有效的手段。鞍山公共图书馆 2012 年宣传周期间，在公共图书馆网站推出了"走进公共图书馆"专题展览。他们制作 6 张数字展板，系统介绍了什么是数字阅读、公共图书馆及馆藏数字资源和使用方法，并发放了 100 张数字资源体验卡，很多读者通过展览了解了公共图书馆，并成为本馆的正式读者。此类活动的开展，直接促进了数字阅读和公共图书馆的推广。

④提升广大馆员的服务意识和服务技能：随着网上读者活动的不断深入，其对网络技术就会不断提出新的要求。活动越多，读者的要求越高，网络发展越快，活动的形式变化就越快，对馆员的要求就越高。这也是广大馆员不断提高业务水平、加速公共图书馆建设的动力。馆员在这个过程中，不断充实新知识、新技能，提升服务意识为公共图书馆的建设与数字阅读的推广奠定了人才基础。

3.组织策划网络读者活动，助力公共图书馆阅读

网络读者活动策划，就是指对公共图书馆网络读者活动进行计划、安排。做好活动的组织策划对于活动的顺利、有效开展起着决定作用。笔者认为，在活动组织策划过程中，应注意把握以下几个方面。

①注重活动的宣传：网站的读者活动宣传是通过网络等媒体来实现的。为保证活动效果，组织者要利用网站、手机短信、论坛、E-mail、QQ群公告、活动海报、宣传单、宣传橱窗、公共图书馆网站和新闻媒体等途径，发布相关信息，以便于读者事先掌握活动的时间、地点、内容和相关情况，吸引更多的读者参加。特别要注重网站的宣传阵地作用，鞍山公共图书馆网站在页面显要位置专门设置了"鞍图资讯"和"读者活动专栏"，定期发布读者活动信息，公共图书馆读者活动的快讯实时更新，读者点击文字链接，就会看到有关读者活动的详细内容，具有较好的宣传效果。

②注重利用新媒体：

a）手机短信：手机短信是公共图书馆读者活动宣传与推广的一种行之有效的通信方式。它可以促进公共图书馆有效地抓住固定读者群体、吸引潜在读者群体。特别是利用手机短信发布信息，具有时效性强、操作简便、费用低廉、普及面广等特点。公共图书馆可以定期以短信的形式向固定读者群体发送读者活动信息，如果读者对活动感兴趣，也会向家人、朋友转述或转发，在这样的传播过程中，受众面会越来越广。

b）网络邮箱：网络的普及使利用邮箱传递信息、互相沟通联络的市民逐渐增多。公共图书馆可以利用这一特点，充分发挥邮箱的传播作用。以鞍山公共图书馆为例，该馆分别注册了网易、新浪邮箱，并在各项读者活动中向广大读者公布邮箱地址，鼓励读者以邮件形式投递自己发表的习作、对公共图书馆读者活动的意见和建议以及进行征文投稿、调查问卷等，使读者与公共图书馆的沟通交流更方便快捷，提高读者服务的工作效率。

c）博客：博客是近年来发展起来的传播介质。其以操作简单、空间开放、思想共享、交流互动等特性成为公共图书馆与读者之间沟通交流的平台。博客的应用，可以拉近读者和公共图书馆之间的距离，使更多的用户能够零距离地与馆员进行互动。鞍山市公共图书馆通过博客宣传读者服务活动，使读者可以在博客上直接提交自己所需信息。在这里，读者的意见和建议能够及时传达，公共图书馆可以直接了解读者的评价和建议，倾听读者心声，采纳读者建议，使公共图书馆的读者活动开展得更有效。

d）微博：微博是一个信息集散地，它更新快、使用方便、传播面广。公共图书馆利用微博，能够更好地进行读者服务与推广工作。为更好地宣传推广公共图书馆读者活动，吸引更多的读者群体，目前众多公共图书馆都开通了微博，取得了较好的宣传效果。

③活动设计要有亮点：亮点是读者活动的灵魂。一项活动能否吸引读者，其亮点是否突出是重中之重。只有提炼一个鲜明的亮点，才能把有关资源整合起来，从而实现活动目标。亮点一般指读者活动环节设计中最精彩、最传神的地方。如鞍山公共图书馆在2012年春节期间举办了"知识总动员"有奖知识竞赛，为扩大活动效果和覆盖面，本次活动特

别增设了家庭参赛环节，既增强了活动的效果，同时也让参赛家庭成员在参赛过程中浓厚了家庭的学习氛围，成为每个家庭美好的回忆。

④活动形式要创新：开展网络读者活动不是新生事物，但网络读者活动的形式策划却一定要新颖、有创意。活动前首先要明确活动影响的对象是谁，其次要了解活动对象在哪里，最后是要知道用什么形式才能引起他们的关注和参与。2012年全民读书月期间，鞍山公共图书馆充分发挥网络资源优势，开展了"阅读，让我们的生活更美好"主题征文、"我读书、我快乐"有奖知识竞赛、"我看数字阅读"主题调查、"知识风向标"视频展播、"文化鞍山，全民阅读"百部优秀电子图书推荐、"好书大家读"QQ群图书漂流活动、"绿色网络"公共图书馆体验月等活动。一次大型活动包含多个形式各异、主题突出的活动单元，把读者从枯燥单一的活动中引入丰富的网络世界，收到了较好的活动效果。

⑤活动信息发布要及时：活动信息的发布包括活动前的宣传推介、活动中的信息跟踪、活动后的效果报道等三个层次。信息内容要简洁明了、主题突出，吸引受众关注。同时，读者活动信息要及时更新，要让读者能够在第一时间了解自己感兴趣的读者活动，协调好自己的时间，参与公共图书馆的读者活动。活动效果报道要及时。这种信息可以是新闻、活动图片、读者信息反馈等，以引起其他未参加活动的潜在读者的关注与好奇心，吸引他们参加下次活动。

⑥馆员要做网络读者活动的促进者：馆员是公共图书馆各项业务工作的核心因素。特别是在网络读者活动过程中，馆员要做活动的积极促进者。要能准确理解读者的需求是什么，并通过一定的渠道将读者需求转换成对应的活动或信息。同时，馆员要在工作实践中不断提高个人的信息素质和业务技能，组织策划更丰富、更精彩的读者活动，吸引更多的读者参加，成为数字阅读的有力促进者。

在新的历史时期，公共图书馆的社会功能在不断拓展，利用网络开展读者活动，是公共图书馆读者工作的一个新渠道。特别是当前，现代公共图书馆的服务对象不仅是到馆读者，其正在向社区和家庭走进，利用网络公共图书馆可以直接了解读者的评价和建议，倾听读者心声，采纳读者建议，使公共图书馆的读者活动开展得更有效。

第二节　读者推广和利用教育的基本要素

现代信息技术的发展、公共图书馆的建设，使公共图书馆的内容和形式发生了较大的变化。馆藏范围从印刷资料、缩微资料、视听资料等传统范围，延伸到各种电子出版物、电子信息资源。互联技术的应用使实现联网以后的公共图书馆可以连接到包括各种商业性电子文献传递（供应）中心、联机检索中心、电子杂志中心以及Internet等各级网络。这些外部信息资源虽然不属于本馆自身拥有的资源，但由于通过网络能连接和检索到它们并提供给用户，所以，这种资源无形中也就变成了本馆馆藏的一部分，也即"虚拟馆藏"。公共图书馆馆藏已经变成"实体馆藏＋虚拟馆藏"，公共图书馆是"无墙的公共图书馆"。另一种更为重要的变化在于，公共图书馆已不再是传统意义上的公共图书馆，它是一个国家文明的标志，是国家竞争力的保证。正是这种变化使公共图书馆读者利用教育出现了变化：传统的公共图书馆读者利用教育是要教会读者如何利用馆内所藏的图书文献资料，而网络时代公共图书馆的发展，要教会读者如何利用数据库和网上信息资源，要对读者进行信息素养的培养。

现代信息技术的发展、公共图书馆的建设，使公共图书馆的内容和形式较之传统的公共图书馆有了较大的变化，也使公共图书馆读者利用教育出现了变化。公共图书馆读者推广和利用教育的基本要素由读者、活动的组织者、内容和方式等组成。

公共图书馆的读者推广和利用教育有许多不同的方式，在高校可以以系统的、完整的"公共图书馆推广和利用教育"的课程等对师生进行信息素养和公共图书馆的教育。而公共图书馆由于面对的读者群体比较复杂，受到的限制要多得多。通常，公共图书馆读者推广和利用教育可以有多种形式：一是可以将公共图书馆利用教育的内容直接呈现给读者；二是通过组织各种相关的活动，引起读者学习利用公共图书馆的兴趣，然后对读者进行读者利用教育。

一、读者

数字化公共图书馆是通过数字化信息处理、传递与控制实现文献信息资源服务的，其核心是通过数字化的信息处理和网络化的信息传递这种数字化手段促成文献信息服务的完成。公共图书馆的读者服务是建立在数字化技术和网络技术基础上的。当今社会，数字化使人们获取知识的方式有了巨大变化，人们从传统的主要通过阅读报刊以及文化交流中获取知识转变为更多地通过计算机网络来获取新的知识和信息；数字化使人们的表达方式出现了变化，人们将更加习惯于利用计算机与网络来表达自己，通过计算机来发表自己的观点和看法，传播自己的思想；数字化也将使人们的交往方式出现变化，计算机网络将使人们不受时间、地域、人数等的限制而进行相互交往、进行学术交流等。

公共图书馆的读者面对数字化的环境必须具备相应的计算机素质或信息素质。中国互联网络信息中心（CNNIC）发布第 49 次《中国互联网络发展状况统计报告》（以下简称《报告》）。《报告》显示，截至 2021 年 12 月，我国网民规模达 10.32 亿，较 2020 年 12 月增长 4296 万，互联网普及率达 73.0%。截至 2021 年 12 月，我国网民人均每周上网时长达到 28.5 个小时，较 2020 年 12 月提升 2.3 个小时，互联网深度融入人民日常生活。

二、公共图书馆读者推广和教育活动的组织者

公共图书馆的发展在知识经济时代的今天，不仅仅是公共图书馆的事，因为当前信息资源的状况已是衡量一个国家经济发展的重要指标，也已成为一个国家综合实力的指标之一。而一个国家的经济实力取决于科技进步，科技进步在很大程度上取决于信息资源的存取和利用。从微观上来看，公共图书馆是传统公共图书馆的现代化发展，公共图书馆的建设是为了读者能更广泛、更方便、更快捷地获取所需的文献信息，对教育、科学研究和技术的发展具有重要的意义；从宏观上来看，发展公共图书馆，有利于我国社会政治、经济的发展，有利于我国在当前全球经济一体化发展的知识经济的竞争和发展中处于有利地位，有利于提高我国人民的科学文化素质和社会主义精神文明建设，也有利于在世界范围内传播优秀的中华传统文化，进一步带动我国其他相关产业的发展等。因此，公共图书馆的推广应该有全社会的共同参与，可以通过普及教育、法律法规以及借助大众传媒等形式，推广应用公共图书馆，激发全民的信息意识。

三、内容

公共图书馆读者推广和利用教育活动的设计，应该表现出以下的功能：进行读者信息素养的培养、推广揭示公共图书馆的环境与功能、介绍公共图书馆文献信息资源的类型与结构，以及网络信息资源的组织、搜索引擎等。

四、方式

公共图书馆读者的年龄不同、教育水平不同以及背景不同会有不同层次的理解能力，公共图书馆要花更多的精力提供不同的教育辅导，其方式包括书面指导、个人指导、利用网络多媒体或电视等媒体。

第三节　公共图书馆读者推广和利用教育的内容

公共图书馆读者推广和利用教育的内容在读者利用教育中的重要性体现在对读者的指导，帮助读者了解和使用公共图书馆，唤起读者的信息意识等方面。它包括读者信息素养的培养，公共图书馆的环境与功能、公共图书馆文献信息资源的类型与结构、网络信息资源的组织等的介绍。

一、数字化公共图书馆环境中读者信息素养的培养

读者信息素养作为信息社会公民所需的素养，它是指在当今社会由于信息技术的普及，所有的人都不可避免地要利用信息技术，在日常生活与工作中都有可能接触和利用它。当今社会，一个人如果不了解信息技术就可能远离现代社会。从大处来讲，一个国家如果不了解信息及信息技术，那么这个国家就是一个没有希望的国家。了解信息、掌握信息科学技术是现代社会最基本的公民信息素养要求。公民的信息素养应该是信息社会中所有公民应该具备的基本素养。图书馆，尤其是公共图书馆在公民信息素养的培养方面具有自己的优势：可以利用公共图书馆的设备优势、技术优势、人才优势、信息资源优势等对读者进行培训。信息素养的培养是指通过教育使读者获取信息、利用信息、开发信息方面的能力和修养。读者信息素养包括读者信息知识、信息意识、信息道德、信息能力等方面的内容。

读者信息知识作为信息素养的重要内容包括信息技术知识方面、信息的基本内容和特征的基本了解和掌握。读者的信息意识是指读者对信息的敏感度，其使读者能够从客观现实中引出概念、思路、计划，用以指导自己的行为，还可以使信息活动具有目的性、方向性、预见性和自觉性。我国读者在信息意识方面的缺乏很严重，在 20 世纪 80 年代，美国公共图书馆每千人中借书率达 4000 册，而在我国仅 150 多册。在信息意识较强的城市我国公共图书馆图书资料的利用率也只有 30% 左右。据人民网的调查，我国的图书阅读率在有效回答总体中，只有 60.4% 的人每月至少读一次书，即读书率为 60.4%，有 39.6% 的人基本不读书。在 50 万以上人口城市的读者样本总体中，每月读书 1 ~ 4 次的人为 48%，每月读书 5 ~ 8 次的人为 19.1%，每月读书 8 次以上的人为 33%。阅读图书的来源是多种多样的，影响来源的因素也是多样的，有经济的、文化的、环境的等，到公共图书馆借阅图书的比例仅有 11.6%。尽管我国目前平均每周至少上网 1 小时的公民人数已经超过 4500 万，仅次于美国和日本，排在世界第三位，但是全民读书意识、信息意识的培养任重而道远。信息道德素养是指在以知识信息为主的社会中，知识信息不仅要在建设社会主义精神文明中发挥引导人民群众、教育群众的巨大作用，而且知识本身是社会生产力、是社会财富的创造源泉。因此，必须遵循科学的信息伦理道德规范，不从事非法活动，要掌握如何防止计算机病毒和其他计算机犯罪的技术。而具有高度的社会责任感是信息道德修养中的首要内容。读者的信息能力包括读者对信息系统的基本操作能力、信息系统软件的使用能力、信息资源的利用能力、信息资源的开发能力和信息系统的开发能力等。

读者信息素养的培养应该强调普及，作为图书馆尤其是公共图书馆，全民信息素养的培养是它的重要任务之一，公共图书馆的设备、人才、技术、资源优势将决定了它在信息社会中的重要地位。因为尽管信息素养包括了信息意识、信息知识、信息道德和信息能力的内容，但更多的内容体现在信息系统的操作上，信息素养集中表现在操作能力方面，要求读者最终能自由地操作信息系统。信息素养的培养必须通过大量的操作实践，公共图书

馆在进行读者信息素养的培养时要重点注意实践能力的培养。

二、揭示数字化公共图书馆环境中文献信息的传递与交流模式、特点

揭示数字化公共图书馆环境中文献信息的传递与交流模式、特点，从而使读者了解公共图书馆的原理和文献信息资源服务的运作方式。公共图书馆信息服务平台是公共图书馆为读者利用浩如烟海的网络信息资源而建立的，是公共图书馆与读者的桥梁。它具有信息导航的功能：一是信息查询，通过公共图书馆的门户网站进入互联网，作为信息导航器或搜索引擎，用来帮助读者查找网络信息；二是以直接提供给读者信息为主。在公共图书馆的信息展示平台上，互联网成为文献信息的传播媒体，通过这个媒体传递着馆藏文献信息、数据库信息、利用状况、研究评述信息等等。在信息展示平台上，网络成为数字化公共图书馆最为表层的信息沟通，公共图书馆将需要对外发布的信息移至互联网上，开辟了过去从未有的渠道，使读者通过互联网进一步了解了公共图书馆。

在数字化环境中文献信息是借助互联网信息传递模式形成的，通常有主动和被动两种模式。文献信息传递的主动模式是公共图书馆和读者中的任意一方主动向另一方传递文献信息的过程，在现代互联网的环境下主要可以通过 E-mail 的形式进行。当读者需要某一方面的文献信息服务时，他可以通过互联网向公共图书馆发电子邮件，告诉他们自己需要哪些方面的文献信息服务包括图书购买、文献原文传递等，并告诉公共图书馆自己的联系方式等等，这是一种主动通过电子邮件提出的服务信息的过程。反过来，公共图书馆也可以以电子邮件的方式传递文献信息给读者。当读者通过登记成为公共图书馆的读者会员或申请了免费电子邮件账号后，就可以经常收到通过电子邮件发来的文献信息服务的信息。而所谓被动模式就是那种守株待兔的模式，公共图书馆建立文献信息服务网站等待读者访问。这种方式目前在公共图书馆的读者服务中是普遍的模式。然而这两种模式不是绝对割裂的，有效的数字化公共图书馆读者服务需要两种模式同时使用。在数字化公共图书馆的读者服务过程中的信息交流，不仅仅是公共图书馆与读者之间通过电子邮件或 WWW 网站发生的，还包括第三方，如出版商、银行、数据库公司、咨询公司等。另外在公共图书馆中读者还可以通过互联网进入网络社区进行沟通，建立和开通诸如用户聊天室、论坛、电子邮件、个人主页等各种可以让读者参与的内容，使数字化公共图书馆同时成为一个数字化的读者俱乐部，比单纯地提供读者服务有意义的是，它可以使读者之间、读者与公共图书馆之间通过聊天、论坛等方式交流文献信息资源和使用的体会，进一步体现公共图书馆的交互性服务特点。

公共图书馆读者服务的特点有：

1. 开放性

基于网络信息技术的数字化公共图书馆，是一个开放的信息平台，利用计算机软硬件

技术实现了数据在不同的计算机之间的相互传递。这就意味着，任何一台计算机都可以遵循计算机之间的通信协议，借助一些设备和其他计算机连接，从而使公共图书馆读者范围更广。

2. 集成性

集成性是指公共图书馆的各种信息服务和多媒体应用高度集成，即在同一网络上，可以有多种信息传递，既可以有文字的，也可以有图片、声音、电影、电视等的传递；既可以提供单点传输，也可以提供多点传输，实现多台计算机之间的信息传送；同时也可以用来传递各种控制信息，实现远程控制。

3. 高效率

网络信息技术的应用提高了信息处理的效率。公共图书馆将众多计算机通过互联网连接在一起，不断存取、传递信息，使文献信息资源的利用效率大为提高。

4. 实时性

公共图书馆使我们及时了解信息资源的动态，体现了迅速、公开和信息公平的原则。

三、公共图书馆文献信息资源的类型与结构

公共图书馆文献信息资源的类型与结构，包括各种类型文献信息资料的结构、特色和使用方法。公共图书馆的信息资源不仅包括传统公共图书馆所能提供的文献信息资源，还应能够提供动态的文献信息和通稿，并将传统出版物以多媒体和超文本方式组织提供服务。馆藏范围超出了印刷资料、缩微资料、视听资料等传统范围，延伸到各种电子出版物、电子信息资源，包容了各种不同的信息格式（录像带、磁带、软盘、光盘等）和信息类型（应用软件、书目文档、全文信息、数字文档、多媒体等）。而且互联技术的应用，使外部信息资源成为公共图书馆的"虚拟馆藏"，公共图书馆馆藏的完整含义已经变成"实体馆藏+虚拟馆藏"。实现联网以后的公共图书馆可以连接到包括各种商业性电子文献传递（供应）中心、联机检索中心、电子杂志中心以及 Internet 等各级网络。这些外部信息资源虽然不属于本馆自身拥有的资源，但由于通过网络能连接和检索到它们并提供给用户，所以，这种资源无形中也就变成了本馆馆藏的一部分，即"虚拟馆藏"。公共图书馆提供的文献信息资源应该包括电子出版物、数据库、音像资料、网上新闻与通稿、OPAC 等。

（一）电子出版物类型及其检索

电子出版物包括电子图书、电子期刊、电子报纸等。电子图书是一种重要的电子信息资源，随着多媒体技术和超文本技术的广泛应用，电子图书得到了较大的发展。电子图书的特点是稳定性强、内容比较稳定，它的检索是比较简单的，主要方式是浏览式。它主要通过访问网站对图书目录进行查找和浏览，另外可以利用搜索引擎如北大天网、google 等查找电子图书。电子期刊在 20 世纪 90 年代开始成为网络出版物的主流，从 1991 年的十几种发展到今天已有上千种，它具有成本低廉、出版周期短、容量大、使用方便灵活，具

有搜索功能、表现形式丰富，具备超文本链接功能以及交互性强的特点。

它的种类目前有期刊电子版和只在网上出版的纯电子期刊；有收费订阅型和免费访问型；有将期刊内容都放在期刊所在站点的服务器上的集中型电子期刊和期刊站点网页只有目录和摘要，而将文章分散在各不同站点的分布型电子期刊等。电子期刊的检索主要包括电子期刊目录检索和电子期刊本身的使用。在网络上有关电子期刊的检索系统除了在网站上访问外还包括美国公共图书馆协会的电子期刊、快报和学术会议目录，电子期刊虚拟网站；WWW 虚拟公共图书馆的电子学术期刊目录，中国期刊网，等等。在互联网上有非常丰富的报纸资源，最近几年包括美国的《纽约时报》、伦敦的《泰晤士报》、中国的《人民日报》《光明日报》等均已推出网络版。到 20 世纪 90 年代末、上网报纸已超过 5000 种。许多网站收录有互联网上的电子报纸目录，读者可根据其网址找到这些电子报纸。网络上电子报纸的种类不断增加，内容也更加丰富，其检索和浏览的技术也不断发展。在网上阅读浏览报纸有许多特点，不仅有当天报纸的所有内容，还出现了诸如"前期回顾"等一些重要链接，读着可以进行深入阅读或扩大阅读面，还设有自办的其他信息内容，包括有关信息的背景、事件的前前后后、评论、专题报道等等，并设有"检索"按钮。

（二）数据库

数据库是发展历史最久、影响最广的一种电子信息资源。一般认为数据库有批处理、磁带、便携式数据库、软盘、光盘、联机几种方式。而随着互联网的普及，联机数据库发展迅速，到 1995 年已经达到书目型数据库的一倍。随着视频文字和多媒体技术的应用，多媒体数据库迅速发展。我国数据库的生产也受到了前所未有的重视，近年来我国已建成《法律条目全文数据库》《红楼梦》《人民日报全文数据库》等几十个全文数据库和《多媒体汉英字典》《多媒体动物百科全书》等多媒体数据库。另外，文摘数据库、索引数据库、书目数据库等制作技术更加成熟。《中国数据库大全》收录的数据库已达 1038 个。

由清华大学编辑制作的《中国学术期刊（光盘版）》1996 年年底在我国发行，由于其学科覆盖范围广、更新及时，并且提供了一种新的与传统的检索入口和全文检索相结合的检索模式，所以其应用十分广泛。《中国学术期刊（光盘版）》在一定程度上代表了我国电子期刊全文数据库的发展水平。我国在用户利用数据库信息方面，对北京等 11 个城市用户利用数据库信息情况的调查结果表明，我国用户非常熟悉和喜欢利用信息网络检索科研信息和进行文化交流。同时，他们对多媒体信息、电子数据交换（EDI）和多媒体技术等越来越感兴趣。公共图书馆各类数据库有其自己的检索使用方法，需要公共图书馆人员进行读者培训辅导，指导读者利用各类数据库。如国外的 EBSCO 数据库的检索方式就有 Keywordsearch、naturallanguage、expert 和 advancedsearch 四种检索方式，默认 expert 方式，advanced 方式弹出组配检索框。检索途径是提供作者、篇名、刊名、文摘、主题词、ISSN 等检索点。其检索式是字段标识符后空一格，再接检索词等，这些都需要公共图书馆馆员的辅导和帮助。

（三）OPAC

联机公共检索目录（OnlinePublicAccessCatalog），简称 OPAC，出现于 20 世纪 70 年代中期，随着公共图书馆自动化各个方面的进步，OPAC 也有了惊人的发展。进入 21 世纪以来，OPAC 有了突破性进展，首先它虽然仍以提供书目数据为主，但随着商业数据库的介入也增加了声音、图像、动画等多媒体数据信息，并且所收入的数据库不仅有文献数据库，还有事实数据库和数值数据库，也有根据馆藏自建的数据库等。它还与全文数据库相链接使之不仅能进行二次文献的查询，还能提供全文检索。由于面对的对象不仅是受过专门训练的公共图书馆人员，还有没经过训练的普通读者，因此现在 OPAC 用户界面更加友好，通过菜单系统提示、指导读者准确、快捷地进行操作，还提供详尽的出错信息并及时给出反馈，便于人机对话。而且显示格式符合读者阅读习惯，图文并茂。其检索方式更加灵活，联机服务也更加周到。

四、网络信息资源的组织与展示

公共图书馆的信息环境首先是在互联网上的信息环境。互联网是一个开放的信息平台，在这个平台上聚集有大量的各种信息，所有的信息都是由网站来发布的。当今互联网上有超过 4000 多万个站点，每天数以亿兆计的信息流量，单靠读者自己是无法浏览阅读的，需要公共图书馆进行网络信息资源的组织，供读者利用。公共图书馆网络信息资源的组织是针对网络信息海量、无序、冗余、不稳定的现状，利用图书情报技术对网络信息进行选择、发掘、组织、加工等工作，使相关的网络信息成为本馆的虚拟馆藏，是扩大数字环境下公共图书馆馆藏的途径。网络信息资源要成为公共图书馆的虚拟馆藏，必须经过公共图书馆技术加工，而对整个宏观网络信息系统来说，则提高了网络信息的有序化程度。对网络信息的组织来说，首先要对网络信息进行过滤；其次要对网络信息资源进行评价与选择，对网络信息的形式、内容范围、与其他信息的关系、权威性、时效性、独特性、使用对象、价格等方面进行评价和选择。目前，对网上信息资源进行有序化整理与组织的典型做法是用机读编目格式来完成的。

第九章 公共图书馆阅读推广的具体应用

第一节 微信在公共图书馆阅读服务推广中的应用

近年来，微信已成为人们主要的信息交流平台，依靠庞大的数据与逐渐完善延伸的功能，对人们社会生活的影响越来越大。而公共图书馆作为信息交流的平台，可促进社会进步、提高大众的精神生活质量，结合新技术可给读者带来更好的阅读体验。将微信与图书阅读推广工作密切结合以提高读者阅读积极性，具有非常重要的意义。

一、公共图书馆应用微信推送阅读服务的主要优势

（一）微信多样化的传播方式，便于推送丰富的阅读内容

目前，微信中可使用的功能较多，结合语音、图片、视频等方式，可以向人们提供完整和直观的图书内容，有利于公共图书馆给用户推送各种图书的详细信息，提升大众的阅读体验。

（二）根据微信用户的需求和兴趣，有针对性地推送阅读内容

微信平台每天向用户推送很多信息，其中有部分内容不是用户真正需要、感兴趣的。随着微信用户获取信息的途径增多，人们能够按照个人的需要和兴趣选择性地查阅推送内容，屏蔽那些不需要的信息。公共图书馆可以利用微信大数据分析功能更有针对性地推送人们感兴趣的内容。

（三）微信的转发功能扩大了阅读推送内容的范围

微信的推送功能方便了人们自由转发和分享信息，通过信息的相互推送，让内容的传播速度直线增长。有读者会把自己感兴趣的信息转发到朋友圈或转发给好友，这可以扩大阅读推送内容的范围，使推送信息有效传播开来。

二、公共图书馆应用微信推送阅读服务的思路

（一）充分利用微信公众号进行推广

微信公众号是通过使用微信的用户成功关注并选择接受相关内容推送之后，就可以向订阅的受众推送内容，并对关注人群进行分类管理。公共图书馆是面向社会的服务组织，完全可以利用微信公众号向人们推送各种形式的内容，通过视频、图片等方式，清晰地传达给人们，以提高阅读量。

（二）利用微信朋友圈和微信读书会，提高评价反馈

可以通过微信用户在朋友圈分享相关内容，使好友在完成互动的同时接收到公共图书馆发布的阅读内容。另外，创建微信读书会也是公共图书馆推送阅读内容的有效途径之一，读书会能够打破传统意义上对各项因素的严格限定，并通过收集评价反馈进行分析与总结，并逐渐完善推送内容。

（三）微信与微博密切结合，实现与用户的互动

微博一般是"一对多"，传播效率强；而微信则是"一对一"，针对性强。公共图书馆进行相关内容推送时，可以按照这两个软件各自所具有的传播特性进行推广，二者相互弥补、共同发展。使用微博传播扩大受众范围，通过微信进行针对性交流，采取多种信息交流形式推送有关内容，实现与用户的互动，注重评价和交流，将推送的相关内容进行反复传播，对人们阅读进行有效的引导。

三、公共图书馆应用微信推送阅读服务的策略

（一）加强对公共图书馆微信平台的宣传

将被动收到信息的微信用户排除在外，公共图书馆需要主动传播本机构的网页等信息，通过用户参加活动和讲座、参与官方微博互动、二维码"扫一扫"等形式推广公共图书馆微信公众号，这样可以有效提升人们对公共图书馆微信公众号的订阅和关注力度。此外，公共图书馆微信公众号也可以通过"附近的人"等辅助功能，寻找附近使用微信的用户，向这类人群进行相关内容的推送与介绍，提高用户对推送内容的兴趣，增加粉丝量。

（二）注重微信公众号推送的信息质量

在相关内容编辑和推送过程中，公共图书馆微信公众号要始终牢记内容至上的原则，一切以人们的感受为中心。推送的内容要有趣、直观，并且保持持续不断地更新信息，积极获得更多人的关注。实践证明，推送内容的数量、时间、信息是否具有针对性等，将对公众关注产生较大的影响。

（三）利用微信持续推出的新功能、新应用，挖掘推送新途径

公共图书馆应当利用微信不断更新的功能，改进公众号推送内容，引领用户进行阅读。比如利用人们订阅相关内容的数据，向读者推送有针对性的阅读内容；利用地理优势向用户推送就近公共图书馆的有关内容，包括离用户最近的公共图书馆的具体位置、乘车路线等信息，完成向读者推送公共图书馆阅读服务。

综上所述，微信是一个优势巨大的交流平台，既能满足大众实时掌握信息的需要，也能使公共图书馆准确地推送相关阅读内容，可以多样、直观地呈现知识。因此，要充分利用微信各项功能来发挥公共图书馆的优势，从而使公共图书馆推送的信息富有时代性，并不断进行完善和发展。

第二节　公共图书馆开展专业阅读推广的实践与应用

近年来，随着科学技术的不断发展，互联网在人民群众日常生活中的应用越来越广泛，人们对于阅读的积极性有所下降，公共图书馆的基本职能得不到充分地发挥。本节将简单介绍公共图书馆与专业阅读推广之间的联系，了解专业阅读推广在我国的发展现状，深入分析公共图书馆开展专业阅读推广的实践与应用。

公共图书馆是人们放松身心和磨练知识水平的最佳去处，也是学生阅读文章、学习知识重要场所。随着时代的进步，公共图书馆在社会上发挥的作用越来越小。全民阅读推广是提高我国公民素养、推动精神文明建设的重要手段，对提高我国在国际上的文化竞争力有很大的帮助。而公共图书馆是进行专业阅读推广活动的主要场所之一。

一、公共图书馆与专业阅读推广之间的联系

公共图书馆是进行专业阅读推广活动的主要场所之一。为了能够充分发挥专业阅读推广的效果，需要有大量的资源支持，而公共图书馆中有丰富的文献资料、书籍杂志等，所以，公共图书馆与专业阅读推广之间是密不可分的。近几年来，公共图书馆向信息化、数字化的方向发展，给公共图书馆各方面活动的开展提供了方便，但是专业阅读推广则不同。专业阅读推广的针对性比较强，对专业技术的要求比较高，所以一般的书籍无法完成专业阅读推广，只有公共图书馆丰富的文献资料才能为专业阅读推广活动的顺利开展提供保障。

二、专业阅读推广的发展现状

（一）专业阅读推广的含义

随着信息技术的不断进步，人们逐渐丧失了对阅读的兴趣，国家为了挽救这一现象开

始进行阅读推广，专业阅读推广属于阅读推广中的一个分支，其专业性与针对性更强，以公共图书馆文献资料的储备为基础，提高人们的专业技能和阅读能力，对提高人们的科学意识，激发人们的阅读兴趣，培养人们的阅读素质有着积极的影响。

（二）专业阅读推广的目标

1. 采用科学的手段进行专业阅读推广

不同阶层的人对阅读的需求也各不相同，在开展专业阅读推广活动时，通过了解人们的专业素养与心理特征去分析他们的阅读需求，采用科学的手段进行专业阅读推广，这种方式从根本上提高了专业阅读推广的效果，提高了我国精神文明建设的开展。

2. 激发人民群众的阅读兴趣

随着科学技术的不断完善，人们对互联网的使用越来越广泛，用在阅读上的时间越来越少，这种现象严重阻碍了我国精神文明建设的发展。要想改善这种状况，首先要激发人们的阅读兴趣，通过专业阅读推广来帮助人们养成良好的阅读习惯，针对不同阶层的人制订不同的帮助计划，刺激人民群众的阅读欲望，充分发挥专业阅读推广的作用。

3. 培养人民群众的阅读素质

人们的阅读习惯、方式、素质等方面都是影响专业阅读推广活动开展的重要因素。专业阅读推广与一般阅读推广之间还是存在着一定程度的差距的，专业阅读推广更加重视对学术的研究与分析，人与人之间的交流与沟通。因此，在进行专业阅读推广的时候，要以思想交流为中心，重视人们对阅读素质的培养。

三、公共图书馆开展专业阅读推广的实践与应用

（一）完善公共图书馆开展专业阅读推广活动的基本设施

公共图书馆在专业阅读推广活动中占据重要地位，要想全面推动专业阅读推广活动的顺利展开，对于公共图书馆基本设施建设的完善是非常必要的。阅读习惯是通过不断地阅读积累而养成的，不同的人的阅读习惯、阅读方式都有一定的差异，要想提高专业阅读推广的效果，公共图书馆就要满足人们在阅读上的各方面需求。

首先，公共图书馆书籍的摆设要有针对性，每一个书架对应着一个专业，这样人们能够对公共图书馆的书籍资料有一个全方面的了解，找到自己感兴趣的方面进行研究，提高了专业阅读推广的效果；其次，公共图书馆的发展要与科学技术相结合，我们身处在信息化、数字化的时代，互联网信息技术的普及已经不可避免，为了适应时代的发展，公共图书馆也要向多元化的方向发展，在网上也可以进行专业阅读推广活动，为那些没有时间来到活动现场的人提供方便。

（二）增加公共图书馆开展专业阅读推广活动的次数

专业阅读推广是一个可持续性发展的过程，要想提高专业阅读推广的效果，不仅要从

公共图书馆方面进行完善，还要增加专业阅读推广活动的次数。推广的方式也要随着时代的变化而变化，以人民群众为主体，保证每一个人都能参与到专业阅读推广活动中来，国家要加强对专业阅读推广的重视，提高对其支持的力度，必要时可以创设专业阅读推广的专项资金，为专业阅读推广的顺利开展提供保障，促进专业阅读推广的可持续性发展。

（三）将公共图书馆专业阅读推广活动与教育事业相结合

将公共图书馆专业阅读推广活动与教育事业结合在一起，以学生为主体进行推广，从根本上改善我国的阅读风气，推动社会主义精神文明建设的稳定发展。首先，公共图书馆要与学校建立合作关系，对学生的心理特征和阅读习惯等方面进行分析，针对不同类型的学生制订不同的专业阅读推广方案，刺激学生的阅读欲望；其次，要把阅读与学生的学业联系在一起，教师可以根据学生的兴趣布置课题，公共图书馆提供与课题相关的书籍文献，从而提高专业阅读的推广效果。

（四）不断深化公共图书馆开展专业阅读推广活动的改革与创新

随着时代的进步，互联网信息技术已经被应用在各个领域，为了顺应时代的发展，要不断深化公共图书馆开展专业阅读推广活动的改革与创新，将其与互联网信息技术相结合。首先，可以通过互联网建立交流平台，公共图书馆中具有丰富的文献资料与书籍杂志，人们能在公共图书馆中了解到各种各样的知识，除了面对面进行交流以外，还可以通过互联网平台交流。其次，要实现公共图书馆的资源共享，增加公共图书馆内检索设备的数量，在公共图书馆内开放多个借阅空间，为人们提供一个进步的空间，与阅读有关的需求都能得到满足，改善专业阅读推广的效果。

综上分析，专业阅读推广在我国公共图书馆的发展过程中占据着重要的地位，随着时代的不断进步，公共图书馆进行专业阅读推广活动的方式也要不断创新，以人们的阅读特征与心理特征为依据，制定科学合理的专业阅读推广活动，积极响应国家的号召，提高人民群众的科学意识，激发人民群众的阅读兴趣，培养人民群众的阅读素质，推动公共图书馆的可持续性发展。

第三节　微博在公共图书馆阅读推广活动中的应用

微媒体时代，微阅读的阅读对象、阅读方式都呈现出新的特点。如何将微博平台与阅读推广有效融合，打造阅读推广微空间，成为公共图书馆阅读推广共同面对的新命题。本节笔者提出公共图书馆的微媒体阅读推广要坚持分众化推广策略，开展互动式阅读推广，并构建微博平台的移动公共图书馆联盟模式，促进微博在公共图书馆阅读推广活动中的应用。

在双微盛行的年代，各个省市的公共图书馆在微信公众号上的推广日益增多，而在微博上，近年也有越来越多的高校推行微博公共图书馆互动平台，利用这一新兴社交平台为读者提供更加方便、快捷的服务。在微博 APP 上检索"大学公共图书馆"，得到的筛选结果为清华、武汉、复旦、北京大学等十七所高校，这些高校的微博粉丝数量都超过一万人，其中清华大学公共图书馆微博粉丝数高达五万，为公共图书馆官微粉丝最多的公共图书馆平台。它们的阅读推广主要集中在以下方式：征文比赛、好书推荐、知识竞赛、图书展览、读者座谈会、名片影视欣赏、朗诵比赛、评选优秀读者、图书荐购等。

一、微博的阅读推广优势

（一）阅读资源的及时更新性

众所周知，互联网的传播速度是相当迅猛的，想要最快速地了解互联网上的信息、新闻，微博无疑是个不错的选择，公共图书馆可以借助微博这个平台，使读者快速了解阅读资源的更新，读者可以随时随地地在网络上查阅即时更新的阅读信息，如果有阅读个性化需求，还可以在评论区与博主展开讨论或建立阅读群，实时了解各种碎片化的阅读情况，并且公共图书馆发布的各种通告、书籍推荐也是可以随时被读者了解到的。

（二）阅读的低门槛与方便性

微博的注册很简单，只需要手机号或者邮箱即可注册，进入主页点击想要关注的博主，日后便可以关注其发布的各种动态。任何人，随时随地，都可以用手机申请微博账号，成为独立博主，公共图书馆官方微博的受众人群就有几亿，甚至几十亿，这种阅读推广方式的门槛很低，推广受众人群很庞大。而且公共图书馆利用微博的推广也是极具方便性的，比如在学校公共图书馆里的宣传墙上，我们可以看到公共图书馆发布的各种信息，但这毕竟是在海报贴上之后才能起到宣传的效果，如果学生不去公共图书馆，就不能及时了解到。所以公共图书馆注册官方微博，首先就在信息的源头扩展了信息流通方向，读者只需关注公共图书馆微博就可以浏览信息，再也不用为了得到新的信息满社会、校园寻找，也不用担心错过信息发布。

二、微博公共图书馆阅读推广方式研究

（一）促进读者个性化服务

促进读者个性化服务，可以将用户的兴趣爱好、专业特点、研究方向等进行分析研究，这是为用户提供优质个性化数字阅读新媒体服务的必要途径，开发用户个性化数字阅读系统，设立"我的公共图书馆"服务，为用户提供专门的系统界面和超级链接，提供个性化数字阅读微博服务平台，用户可以查询馆藏目录和各种信息、读取数据库等所需数字阅读微博服务的全部信息，以此来进行双向互动。公共图书馆微博要最大限度地贴近读者的生活、经历以及感受，加大微博阅读推广的吸引力，这样才能使线上阅读推广更吸引读者的关注。

（二）构建微博平台的移动公共图书馆联盟模式

移动公共图书馆联盟是一个全新的概念，一种全新的组织形式，移动公共图书馆联盟是公共图书馆为了实现读者任何时间、地点都能无限制地获取信息资源的目标，以无线网络技术为知识资源推送手段，以合作方成员自有资源与网络资源为知识仓库，以实现资源共享、互惠互利的联合体。从具体操作上来看，馆际互借一般通过"借阅特许"，即在联盟内给予成员馆读者的借阅特权，并在借阅数量上给予一定优惠，在联盟内部发放联盟借书证或联盟内成员馆交换借书证。比如各高校可以通过注册一个微博建立移动公共图书馆联盟，来向读者传达阅读信息，并且可以通过区域性的公共图书馆联盟进行多方面的业务合作，依托公共图书馆联盟内成员馆各自的优势资源，合作发展馆藏。

三、微博阅读推广优化建议

（一）推广微博阅读理念

只有持续地发布高质量的信息内容，才能拥有稳定的用户群体，形成口碑效应，提升阅读推广的竞争力。公共图书馆开展微博阅读推广应该关注这几个方面：首先，坚持分众化阅读推广策略，兼顾老师和学生、大众和小众等不同读者群体的阅读需求，基于用户细分发布对用户有价值的微内容；其次，要建立和维护与用户的情感联系，为用户营造阅读的归属感，培养用户的忠诚度，进而提升阅读推广的效果。

（二）将内容形象化，避免缺乏趣味性

打造趣味阅读推广。微博碎片化阅读的特点使用户可以在上课途中、地铁上、吃饭时都可以进行碎片化的阅读，这就要求公共图书馆在开展微媒体阅读推广时发布的微内容可以在短时间、简短文字内抓住用户的兴趣点，用创意趣味吸引用户，让用户接受、喜欢并自主转发、点赞，用户的转发和点赞能够进一步提升阅读推广的效果。公共图书馆可以开发个性化阅读定制功能，开通私人订阅服务，允许用户根据个人的阅读需求定制信息资源，目前清华大学公共图书馆、中国人民大学公共图书馆等部分公共图书馆已开通此阅读推荐功能。

（三）多方挖掘专业推广人才，促进微博平台效率

虽然微博普及率较高，但是能够运营微博公众账号的人少之又少，要求公共图书馆在开通微博公共图书馆账号的同时，引领全体馆员学以致用，将数字阅读微媒体推广创新理论应用在实践领域。公共图书馆需加强馆员运用新媒体创新数字阅读微媒体推广工作学习，将微媒体推广观念内化进服务意识，外化为具体服务行动，比如使用网络语言宣传公共图书馆数字阅读推广工作等。

虽然阅读推广并不是新鲜事物，但其趋势及阅读推广新技术应用将会是公共图书馆今后很长一段时间里需要关注的课题。应当借助微博等一系列微媒体，聚拢用户并培养用户

的阅读习惯，引导用户的阅读行为，营造浓厚的阅读氛围，坚持分众化推广策略，开展互动式阅读推广，并构建微博平台的高校移动公共图书馆联盟模式，促进微博在公共图书馆阅读推广活动中的应用。

第四节　公共图书馆阅读推广服务中 H5 场景秀的应用

公共图书馆是推动社会阅读的重要力量。目前，阅读活动开始得到全社会的普遍关注，各项阅读推广活动得以广泛开展。然而，在"互联网＋"背景下，人们的阅读方式和阅读习惯发生了深刻变化，公共图书馆已不再是人们获取信息的唯一场所，更多的人习惯于使用手机进行浅层次阅读。同时，如何使读者充分利用阅读资源已成为公共图书馆面临的难题，虽然公共图书馆开展了一系列阅读推广活动，但由于活动形式比较单一、活动内容缺少新意，因此实际效果并不佳。笔者根据公共图书馆阅读推广现状，提出将 H5 场景秀新媒体技术应用于公共图书馆阅读推广中，以提高公共图书馆的资源利用率，推动学习型社会的建设。

一、H5 场景秀新媒体技术概述

随着云计算、大数据等信息化技术的迅速发展，新媒体技术层出不穷，信息内容的呈现形式和传播方式发生了深刻变革，信息传播途径得到了扩展，传播成本下降，信息量激增。目前，HTML5 技术已经成为基于互联网的一项不可或缺的开发技术，第五代 HTML（HTML 是指超文本标记语言，超文本就是指页面内可以包含图片、链接甚至音乐、程序等非文字元素）以及使用第五代 HTML 制作的相关数字产品都可以被称为 H5。在日常生活中，人们可以根据需要用这项新媒体技术制作电子贺卡、宴会邀请函、音乐相册等宣传类产品。目前，应用 H5 技术制作的场景秀在微信等通信软件中比较常见。面对读者数量少、图书资料使用率低的情况，公共图书馆可以引入 H5 场景秀技术，利用其在传播、互动等方面的优势，拓展阅读推广的覆盖面，提高馆藏利用率。

二、新媒体技术在公共图书馆阅读推广服务中的功能和效用

（一）拓展了传播渠道

美国学者拉斯韦尔在《传播在社会中的结构与功能》中提到了传播的五大要素 (5W)，即 Who(谁)、SayWhat(说了什么)、InWhichChannel(什么渠道)、ToWhom(向谁说)、WithWhatEffect(产生了什么效果)。公共图书馆开展的阅读推广就是一项传播活动，其中活动的主体是公共图书馆，受众为社会群体，实际效果就是提高公共图书馆资源的利用效

率，整个过程中唯一的变数就是渠道，也就是阅读推广方式。随着阅读方式和阅读载体的变化，传统的阅读推广方式对读者的吸引力逐渐降低，已经无法激起读者的阅读热情。笔者将 H5 场景秀引入阅读推广中，就是对传播渠道的拓展。H5 场景秀可以为公共图书馆提供全新的媒介平台，管理人员可以在平台中发布相关信息，读者也可以通过平台了解公共图书馆的各类信息。

（二）提升了互动频率

高频率的互动是新媒体技术与传统媒体技术的一个显著区别。在传统模式下，公共图书馆的信息是单向传播的，读者只能被动地接收信息，无法与公共图书馆进行有效沟通。在 H5 新媒体技术的支持下，读者不仅可以通过平台快速获取相关图书信息，还可以与公共图书馆进行互动。由此可见，利用 H5 新媒体技术可以加强读者与公共图书馆的互动，促进读者与公共图书馆之间的双向沟通。

（三）提高了馆藏文献的使用率

为了了解公共图书馆纸质资源和数字资源的利用情况，笔者进行了问卷调查。本次调查共发放调查问卷 100 份，回收问卷 100 份，无效问卷为 0。针对公共图书馆数字资源使用情况，笔者设置了以下选项：查找不便、没有查到相关资源、不习惯使用数字资源、对数字资源不了解或从没使用过。调查显示，公共图书馆数字资源的利用率比较低，许多读者从来没有使用过数字资源。同时，笔者对读者获取图书信息的方式进行了调查，给出了以下几种方式：通过电脑查询机器查找、使用手机移动端查询、直接询问工作人员、毫无目的地寻找。调查显示，读者在图书信息查找方面存在许多问题，这些问题导致馆藏资源的实际利用效率较低。作为新媒体技术，H5 场景秀不仅为读者提供了全新的图书查找方式和信息获取渠道，而且激发了读者的阅读热情，有利于进一步提高馆藏资源的利用率。

（四）提高了公共图书馆的社会影响力

互联网的高速发展为公共图书馆带来了新的发展机遇，同时也带来了严峻的挑战。大量新兴电子产品的出现，使读者的知识获取方式以及获取途径发生了巨大的变化。在这种情况下，公共图书馆需要不断提高自身的社会影响力，进行自我营销就是一种重要的推广方式。公共图书馆可以使用 H5 场景秀进行宣传，如使用摄影技术通过影像的方式介绍公共图书馆以及公共图书馆的服务，让读者对公共图书馆有更加直观的认识。

三、H5 场景秀技术在公共图书馆阅读推广活动中的应用策略

（一）注重宣传推广，扩大受众范围

为读者提供更优质的阅读资源和服务是公共图书馆开展阅读推广活动的目的之一。为了做好这项工作，公共图书馆需要对阅读推广的方式进行改变和创新。将传统的阅读推广模式与新媒体技术相结合，能够取得更好的宣传效果。在阅读推广活动中，公共图书馆可

以通过举办书评比赛和文化展览等传统方式进行阅读推广；同时，公共图书馆还可以使用专门的场景秀平台为读者推荐各类优秀读物，并实时公布相关比赛信息。

（二）坚持以读者为中心，重视读者的信息反馈

公共图书馆在阅读推广过程中要时刻关注读者的实际需求，认真做好馆藏资源的信息服务工作，使读者可以快速获取所需信息，这也是当前公共图书馆服务工作的首要目标。公共图书馆利用 H5 场景秀新媒体技术，可以提高读者获取信息的速度，拓展读者获取信息的渠道。作为公共图书馆的服务对象，读者需要及时了解公共图书馆的相关信息，因此，公共图书馆可以应用新媒体技术制作互动性强的宣传动画，集中展示公共图书馆的相关信息，以满足读者需求。在阅读推广活动中，公共图书馆应认识到读者需求的差异性。为了满足不同读者的需求，公共图书馆可以使用 H5 场景秀技术制作不同的宣传片和图书清单，并在公共图书馆展示屏上滚动播放。为了及时总结活动中存在的不足，公共图书馆需要对读者反馈的信息进行收集和整理，而 H5 技术在这方面具有显著的优势。公共图书馆可以通过 H5 场景秀提供的技术平台与读者进行实时沟通，公共图书馆管理人员也可以借助 H5平台了解读者的基本阅读习惯和阅读偏好。

（三）加强平台建设，构建阅读品牌

传统的阅读推广模式存在宣传力度不足、宣传效果不明显的弊病。因此，笔者认为，公共图书馆应构建以 H5 场景秀技术为基础的阅读推广平台。公共图书馆在构建阅读推广平台时，可以使用 H5 场景秀技术向读者推送馆内新书，以提高活动的影响力。在现代社会，随着信息传播方式的转变，品牌的重要性与作用被越来越多的人所肯定。无论公共图书馆的规模是大还是小，只要能在资源和服务上形成自己的特色，就有可能创造出品牌，吸引读者积极参与。公共图书馆品牌建设的实质就是要不断提高读者的满意度和忠诚度，从而促进公共图书馆事业的发展，提升公共图书馆的社会竞争力。互联网环境下，公共图书馆品牌建设的核心是为读者服务，公共图书馆可以利用 H5 场景秀技术对本馆的特色品牌活动进行宣传，让更多的读者走进公共图书馆，提高公共图书馆的资源利用率。公共图书馆应充分认识到新技术在公共图书馆事业发展中的地位和作用，并将其运用到阅读推广中，为读者提供高质量的阅读服务。

阅读推广有助于民族文化的传承和国民素质的提高。在全民阅读大背景下，公共图书馆作为人们获取知识的重要场所，应该抓住互联网高速发展所带来的机遇，充分利用各种新技术，拓展阅读推广的方式，丰富阅读推广的内容，助力书香社会建设。

第五节　社会化媒体的公共图书馆阅读推广思路及应用

要建设文明强国，提高国民素质，其中的一个有效途径即是加强公共图书馆阅读的推

广。尤其是当前社会化媒体得到了迅猛发展，以其为主要媒介进行公共图书馆阅读的推广，能更好地实现全民阅读，实现公共图书馆阅读推广的最终目的。

社会化媒体，即运用易涉入和传播的沟通技术并以社会化交流为目的的媒体。社会化媒体作为一种新型的在线媒体，能够为用户提供极大的参与和互动空间，其公开性、对话性以及交流性非常强，属于双向互动类的网络平台，比传统媒体更容易获得公众的理解、接受、认可以及支持。而将社会化媒体引入公共图书馆阅读推广中，具有非常重要的作用。

一、社会化媒体在公共图书馆阅读推广中的作用

（一）挖掘读者信息需求

有的放矢地开展公共图书馆服务工作能够提高阅读推广的效果，而社会化媒体可为其提供有效手段。即公共图书馆通过社会化媒体，构建了公共图书馆和读者可相互沟通的平台，使其可以密切关注读者需求，在互动交流的过程中深入了解其阅读需求。公共图书馆立足实际去开展阅读推广活动，能够改进其服务工作，促使公共图书馆阅读推广工作获得良好的成效。

（二）推进公共图书馆服务宣传工作

公共图书馆通过社会化媒体进行阅读服务宣传，即是充分利用了社会媒体的公开性。任何用户都可以通过社会媒体关注自身感兴趣的信息，并针对其最新的信息展开交流与讨论。而基于社会化媒体的公共图书馆服务宣传工作则充分发挥了这一过程的作用，通过在社会化媒体中建立链接，与公共图书馆网站相连，能够引导读者对公共图书馆阅读推广活动投以更多的关注，具有快捷高效的宣传效率。

（三）利于构建立体化与个性化的阅读推广平台

社会化媒体可为公共图书馆提供便捷且多样化的互动交流渠道，构建立体化和个性化的阅读推广平台。首先，公共图书馆可以借助多媒体进行阅读推广，综合运用图片、视频和音乐等多种信息，制作具有吸引力的视频和精美的公共图书馆图片，为广大读者构建立体化的阅读推广平台，为读者展示公共图书馆的环境、服务和文化底蕴，激发读者阅读的动力与欲望。也可以搭建读书论坛和聊天室等平台，让读者在互动交流的过程中，分享各自的阅读感悟和心得，提出自己的建议，甚至可以逐渐进入深层阅读。

其次，基于社会化媒体的公共图书馆能够满足"互联网+"环境下读者对公共图书馆服务提出的更高要求，尤其是可以为读者提供个性化服务。比如微信和微博等社会化媒体能够为读者提供个性化的展示与表达平台，让读者以个性化的语言表达自身的感受与见解，甚至可以分享读者个性化的视频或图片。因此，公共图书馆通过社会化媒体满足读者个性化需求的同时，也加强了其阅读推广的效果。

二、基于社会化媒体的公共图书馆阅读推广应用思路

阅读推广已经成为推动全民阅读与建设学习型社会的重要途径，而在社会化媒体的基础上，公共图书馆阅读推广应用思路应该集中在以下几个方面：

（一）注重以用户为中心的社交属性

公共图书馆与社会化媒体用户之间可实现双向性的信息交流与互动，能够吸引越来越多的读者的注意，在提高阅读推广效果方面发挥了非常重要的作用。而社会化媒体同样具有开放性，可为用户与用户之间的交流提供足够的空间，彼此可以建立关注与被关注的社交关系而进行各种信息的传播，也能够通过多用户对多用户的方式而展开范围更广的互动。所以，公共图书馆借助社会化媒体进行阅读推广时，需要注重以用户为中心，关注与了解读者的需求，从读者的参与度和分享率来把握读者的活跃度，由此可进行读者群的准确定位，在互动交流的过程中，主动去识别读者的需求，并且积极响应其需求，吸引读者的关注，并引导其广泛阅读，即通过社交网络更好地拓展受众面，提高读者在阅读推广活动中的参与度。

（二）基于大数据技术提高公共图书馆服务质量

信息技术在公共图书馆服务与管理中发挥着非常重要的作用，而大数据技术为互联网各类信息技术运用提供了可靠的驱动力。对于公共图书馆而言，其馆藏中的电子资源数据、公共图书馆用户信息、图书借阅数据、电子资源访问情况、电子资源下载情况、入馆信息、社会化媒体交互数据以及互联网开放性的存取数据等等，都蕴含着大量的大数据。因此，要提高公共图书馆服务质量，还需充分利用大数据技术。通过数据挖掘，能够对公共图书馆的馆藏资源使用情况进行了解，从而对读者的潜在需求进行预测，为有效调整阅读推广工作而提供准确的方向与偏重点，利于公共图书馆开展针对性、有效性的主动服务。

（三）以阅读推广内容为重心

信息爆炸是当前信息化社会的重大特征，若公共图书馆要发布阅读推广内容，一旦缺乏吸引读者注意的亮点，其信息内容极易被海量的信息快速淹没。这就要求公共图书馆以推广内容为中心，做好内容建设工作。因此，公共图书馆需要把现有资源与专业优势进行有效的结合，精心策划出优质的阅读推广发布信息，塑造出公共图书馆阅读的品牌化栏目，让公共图书馆的阅读推广成为制度化与常规化的一项工作。而公共图书馆类型不同，其读者群也存在差异，因此需考虑这一点而选择不同的内容侧重点。比如公共图书馆具有明显的社会教育职能，可着重以经典导读为推广内容，并引入地方文化特色开展阅读推广活动，以实现阅读推广服务创新。

总而言之，公共图书馆应该充分认识到社会化媒体在人们生活与学习过程中的重要作用，并借助其技术力量开展优质的阅读推广服务，加大平台宣传力度，注重以用户为中心、

以大数据技术为基础和以内容为中心，提高公共图书馆的阅读推广效果，从而为实现全民阅读打下基础。

第六节 "立体阅读"在公共图书馆经典阅读推广中的应用

随着互联网在生活中的普及，传统的读书、读报等阅读方式已经逐步扩展到手机阅读、电脑阅读等电子阅读模式，打开微信、微博等 APP 会涌进来各种各样的信息，碎片化阅读占据了公众的很多时间。不管是哪一种阅读方式，都要避免浏览式阅读，让读者能够完整地读一本书。所以，对于公共图书馆来说，要认清当前国民阅读的现状，通过在经典阅读推广中运用"立体阅读"模式，让读者能够全面感受图书阅读的快乐。

一、"立体阅读"与公共图书馆经典阅读推广概述

（一）"立体阅读"的概念

作为阅读方式的一种，"立体阅读"就是读者在开展图书阅读的时候能够从多个角度、多个层次来理解图书中的内容。"立体阅读"要求通过完善读者的知识体系，让读者具备系统化和立体化的思维方式。也就是说，所谓"立体阅读"就是能够利用电视、网络、纸质等各种媒介，通过优化、整合这些媒体资源，用合理的方式来处理信息资源，从而建设更加高效、便捷的信息交流媒介体系。

（二）"立体阅读"在公共图书馆经典阅读推广中的作用

科学技术的发展对读者的阅读方式产生了很大的影响，对于经典阅读来说，要有主动性和开放化性，属于体验式阅读，也是对话性阅读。在经典阅读推广的时候，要以相关理论研究为导向，突破传统阅读中教条式的限制，积极打造具备大众性质的经典阅读体验环境，培养读者对经典阅读的兴趣。"立体阅读"的推广模式让经典阅读具备了大众性质，凸显了经典文学的社会影响力。主要是因为"立体阅读"的优势在于其载体丰富，注重阅读体验，符合经典阅读的内生需求。把"立体阅读"跟经典阅读结合起来，创新和改革经典阅读的方式，让经典阅读变得更加有效，发挥新兴载体跟传统载体融合的积极效应，属于全新阅读模式的探索，让读者感受到全方位的知识，让读者的抽象化思维得到锻炼，同时也促进了思维方式的变革。让读者通过寓教于乐的方式来获取知识，提升阅读推广成效。

二、"立体阅读"在公共图书馆经典阅读推广中的应用措施

（一）整合资源，形成合力

现代社会的信息量很大，在经典阅读推广中，"立体阅读"推广的工作强度高，单纯地依靠公共图书馆内的力量相对比较困难，这就需要创新工作机制和方法，在条件允许的情况下，积极整合现有的馆内书籍资源，形成合力，发挥公共图书馆图书藏书量大的优势。除了这些，"立体阅读"在公共图书馆经典阅读推广中的应用还需要政府与社会各界人士的支持与帮助，运用多种方式扩大"立体阅读"推广模式的影响力，这样才能促使读者参与到经典阅读中来。可以请这方面的专家和学者对经典阅读推广活动进行指导和帮助，开展特色化的阅读推广活动，汇聚社会力量来营造经典阅读的氛围，让读者通过阅读经典书籍获取知识，提高自身的修养。

（二）创新推广活动，提升成效

首先，观特色、观展览。公共图书馆可以利用自身丰富的馆藏资源，通过"立体阅读"模式进行特色图书展览，让读者了解公共图书馆的特色馆藏，感受其深厚的文化沉淀，让那些经典特色馆藏重新焕发出生机和活力，并跟读者进行互动，搭建读者交流平台。其次，听讲座、听演讲。公共图书馆可以选择合适的时期邀请一些名家或者阅读达人等开展一些特色化的讲座，通过作者、名家与读者面对面沟通，提升阅读的感染力。同时选择经典名著在读者中开展"读书、讲书、品书"的活动，让活动参与者通过阅读经典，分析和整理其中的内容，用新的形式来演绎经典。可以在活动中融入一些时尚元素，比如，加入亲友团助阵等，以激发更多的读者参与其中。这样的活动能够把单项式的经典阅读转向对话式的阅读，让读者在安静与闲适的氛围中感受阅读的快乐。最后，写征文、写心得。要检验经典阅读成效，公共图书馆可以举办"写征文、写心得"的活动，通过这样的活动与读者进行互动，让读者提出自己的意见和见解，通过写作的方式培养读者的文学爱好。

（三）活动推广常态化，形成规模效应

"立体阅读"在经典阅读中的推广工作，不是一个一蹴而就的事情，属于一项长期、系统化的工作。作为公共图书馆方面，要充分发挥技术上的优势，挖掘自身的潜力，打造全新的阅读空间。要对现有的书籍资源进行整合、转化，朝着数字化资源的方向发展。公共图书馆可以指定专人负责经典阅读推广方面的内容，这是确保"立体阅读"推广成效的保障。因此，要建立长效的阅读推广机制，确保阅读推广活动的开展，要培养读者的阅读习惯。在向读者推荐经典书籍的时候要全面考虑书籍的梯度，切合读者实际选择合适的图书资源，运用多媒体手段打造全新的阅读体验，增加经典阅读的覆盖面，让经典阅读变得更加个性化、高端化。

（四）提高公共图书馆馆员素质，服务"立体阅读"

由于公共图书馆馆员是跟读者直接接触的人员，其综合素质决定了读者的服务满意度，同时也对"立体阅读"活动开展成效产生了影响。对于公共图书馆工作人员来说，不能抱着"当一天和尚撞一天钟"的思想，要能够树立终身学习的理念，坚持与时俱进，认清当前公共图书馆经典阅读的形势，自觉提升其服务意识。公共图书馆要定期开展人员培训工作，让工作人员认识到"立体阅读"工作开展的重要性，并开展业务素质培训考核工作，让业务培训考核结果与工作绩效挂钩，激励公共图书馆工作人员能够用良好的职业素养服务"立体阅读"。

综上所述，公共图书馆要认清自身特点，运用"立体阅读"活动来提升经典阅读推广成效，激发读者的阅读积极性，倡导李克强总理提出的"建设书香社会"的读书观，引导读者多读书、读好书，确保全民阅读活动的实效性。

参考文献

[1] 薛虹. 数字技术的知识产权保护 [M]. 北京：知识产权出版社，2002.

[2] 奉国和. 数字图书馆 [M]. 北京：北京大学出版社，2003.

[3] 张炜. 国家数字图书馆服务框架研究 [M]. 北京：国家图书馆出版社，2012.

[4] 魏大威. 数字图书馆理论与实务 [M]. 北京：国家图书馆出版社，2012.

[5] 黄肖俊. 数字出版与数字图书馆 [M]. 北京：电子工业出版社，2013.

[6] 刘晓清. 怎样建设数字图书馆 [M]. 北京：海洋出版社，2010.

[7] 黄梦醒. 数字图书馆服务链：服务模式体系架构关键技术 [M]. 北京：清华大学出版社，2013.

[8] 王芬林. 数字图书馆发展研究 [M]. 北京：国家图书馆出版社，2012.

[9] 熊拥军. 数字图书馆个性化服务研究与实践：基于新型决策支持系统 [M]. 北京：国防工业出版社，2012.

[10] 黄水清. 数字图书馆信息安全管理 [M]. 南京：南京大学出版社，2011.

[11] 谢春枝. 分布式数字图书馆资源整合与服务集成的管理研究 [M]. 杭州：浙江工商大学出版社，2009.

[12] 刘燕权. 数字知识宝库纵览：美国数字图书馆案例精析 [M]. 北京：海洋出版社，2014.

[13] 魏大威. 数字图书馆建设与服务推广研讨会获奖论文 [M]. 北京：国家图书馆出版社，2012.

[14] 吕淑萍. 图书馆数字资源版权管理实践与案例 [M]. 北京：国家图书馆出版社，2013.

[15] 徐周亚，龙伟. 国家图书馆数字资源对象管理规范（国家数字图书馆工程标准规范成果）[M]. 北京：国家图书馆出版社，2013.

[16] 吴建华. 数字图书馆评价方法 [M]. 北京：科学出版社，2009.

[17] 袁永久. 我国数字信息资源共享建设策略研究 [J]. 农业图书情报学刊，2011，23（7）：26-28，67.

[18] 姚晓霞，肖珑，陈凌. 新世纪十年CALIS的建设发展 [J]. 高校图书馆工作，2010（6）：3-6.

[19] 郑铣．医学数字信息资源的开发利用 [J].现代临床医学，2012，38（6）：466-468.

[20] 于新国．对数字信息资源开放存储的研究 [J].价值工程，2012（24）：231-233.

[21] 于新国．开放存取环境中的我国图书情报类现期期刊资源分析 [J].科技文献信息管理，2010，24（4）：27-29，32.